Karin Schaffner
Aus der gymnastischen Lehrarbeit

W0176964

Karin Schaffner

Aus der gymnastischen Lehrarbeit

Stundenthemen und Anregungen mit Schwerpunkt auf die Hand- und Hilfsgeräte Ball, Medizinball, Keule, Stab, Seil, Reifen, Tau und Langbank

Pohl-Verlag, Celle

© 1984 – Pohl-Verlag, 3100 Celle

Verfasserin: Karin Schaffner, 8720 Schweinfurt

Redaktion: Wolfram Herold, 8122 Penzberg

Verlag und Druck: Pohl-Druckerei und Verlagsanstalt,
Otto Pohl, 3100 Celle

Zeichnungen: Eugen Rümmelein, 8532 Bad Windsheim

Alle Rechte vorbehalten, auch die der Übersetzung in fremde Sprachen. Ohne ausdrückliche Genehmigung des Verlages ist es nicht gestattet, die Schrift oder Teile davon zu veröffentlichen.

ISBN 3-7911-0137-4

Inhalt

Hier folgt nur eine Gesamtübersicht. Die detaillierten Übersichten sind den 8 Kapiteln zugeordnet.

Vorwort

Die große Freude aller Teilnehmerinnen in unseren Lehrgängen über die vielseitigen Einsatzmöglichkeiten der Handgeräte überraschte uns immer wieder und gab auch den Anstoß zu dieser Veröffentlichung.

Gerade Gymnastik mit Handgeräten gibt die Möglichkeit, die körperlichen, ästhetischen und sozialen Bedürfnisse verstärkt zu erarbeiten.

Dieses Buch wendet sich deshalb an alle, die ihre Übungsstunden abwechslungsreicher gestalten wollen. Sei es im Stehen, Schwingen, Springen, Sitzen oder Liegen, seien es Gemeinschaftsübungen, Tänze, Spiele, geturnte Kanons oder Staffeln.

Es sind keine fertigen Stundenbilder, sondern die Anregungen zeigen die Vielfalt der Handgeräte auf. Jede Lehrerin und Übungsleiterin wird daraus ein sinnvolles Gestalten mit methodischem Aufbau finden, zumal man leicht den Aufforderungscharakter der Handgeräte findet, die durch Eigenart (Form, Gewicht usw.) die Übungen bestimmen und verstärken.

KARIN SCHAFFNER

Schweinfurt 1984

Stundenthemen und Spiele mit dem Ball

Abb. 1

Abb. 2

Abb. 3

A. Aufwärmen

a) Von einem Hallenende zum anderen

Ball wegrollen, einholen, aufnehmen.

Ball stark wegrollen, überholen.

Ball wegrollen, überholen, ½ Drehung in die Grätschstellung, Ball durch die gegrätschten Beine rollen lassen *(Abb. 1).*

Ball wegrollen, überholen, ½ Drehung, anrollenden Ball überhüpfen (Pferdchensprung oder mit geschlossenen Beinen, *Abb. 1).*

Ball wegrollen, ständig umkreisen.

Beim Vorwärtsgehen den Ball rechts und links neben dem Körper herrollen *(Abb. 2).*

Ball beidhändig vor dem Körper tragen, bei jedem Schritt kurz loslassen und wieder fassen.

Beim Vorwärtslaufen Ball hochwerfen und fangen *(Abb. 3).*

Beim Rückwärtsgehen Ball mit beiden Händen oder abwechselnd rechts und links hinterherrollen *(Abb. 4).*

Seitgalopp mit beidhändigem Prellen bei jedem zweiten Schritt.

Seitgalopp mit ständigem Prellen des Balles, ein- oder beidhändig, ohne und mit ½ Drehung *(Abb. 5).*

Drei Seitgaloppschritte mit drei Prellern, dann Stand mit Hochführen des Balles.

Dreimal Seitgalopp mit drei Prellern, dann Stand mit ½ Drehung und Hochführen des Balles.

Nachstellschritte seit mit Prellen und Hochführen des Balles.

Vorwärtsgehen, Ball rechts und links vor dem Körper prellen.

Dasselbe mit Hüpfschritten.

Acht Hüpfschritte mit Prellen links, dann vier Hüpfschritte um den am Ort geprellten Ball herum, ½ Drehung, Prellen rechts mit vier Hüpfschritten um den Ball. Gegengleich.

Vorwärtsgehen, dabei Ball rechts hochstoßen, links übernehmen. Gegengleich *(Abb. 6).*

Ball beidhändig gefaßt auf dem Rücken: Vier Schritte vorwärtsgehen, dann Ball über die Schulter oder den Kopf vorwerfen (4 Takte, *Abb. 7).*

Dreierschritt, Schwingen des Balles rechts und links: Mit Übergabe vor dem Körper, hinter dem Körper, vor und hinter

Abb. 4

Abb. 5

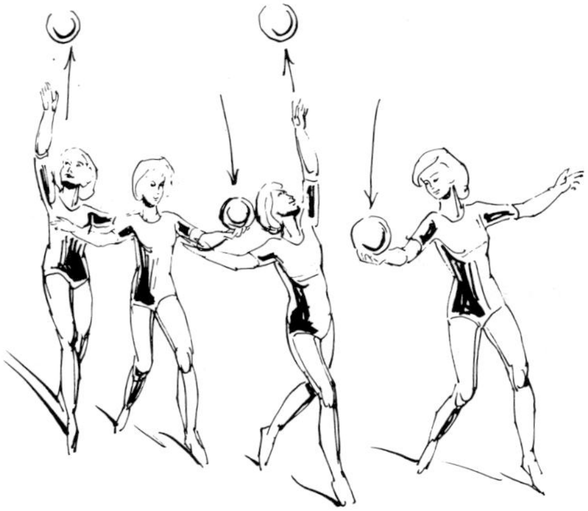

Abb. 6

Abb. 7

dem Körper, mit Hochwerfen des Balles vor dem Körper ohne Handwechsel oder mit Handwechsel.

Dreierschritt, Ball links in Vorhalte: Rückschwingen, dann 1½ Armkreis tief-vor beginnend, Ball hochwerfen, rechts übernehmen.

b) Kanon

Drei Gruppen gehen nacheinander los, ¾-Takt

1. Hockstellung, dreimal drei schnelle Preller (1, 2, 3, 1, 2, 3, 1, 2, 3), Aufrichten (1, 2, 3).
2. Im Vorwärtslaufen Ball zweimal hochwerfen und fangen (1, 2, 3, 1, 2, 3, 1, 2, 3, 1, 2, 3).
3. Zweimal Ball um den Körper herumgeben (hinter – vor – hinter – vor = 1, 2, 3, 1, 2, 3, 1, 2, 3, 1, 2, 3).

B. Gymnastik mit dem Ball

a) In der Bauchlage

Ball vor dem Körper hin- und herrollen, dabei Oberkörper leicht aufrichten.

Ball vor dem Körper vor- und rückrollen, beim „Rückrollen" Oberkörper leicht aufrichten *(Abb. 8).*

Dasselbe mit Ballübergabe auf dem Rücken.

Rollen des Balles im größtmöglichen Halbkreis, an der linken Körperseite beginnen, Ballübergabe nach rechts vor dem Körper. Gegengleich.

Ball beidhändig gefaßt in Hochhalte: Rollen über die Rükken- in die Bauchlage, ohne daß der Ball den Boden berührt *(Abb. 9).*

Abb. 8

Abb. 9

Abb. 10

Abb. 11

Abb. 12

Ball beidhändig gefaßt in Hochhalte: Rollen in die Rückenlage, Beine anwinkeln und gleichzeitiges Senken des Balles über die angewinkelten Beine (nicht durchhocken!). Rückbewegung.

Ball hochwerfen und fangen (1, 2, 3, 1, 2, 3), auf den Nacken führen und zurück (1, 2, 3, 1, 2, 3).

Ball zweimal prellen (1, 2, 3, 1, 2, 3), auf den Nacken führen und zurück (1, 2, 3, 1, 2, 3).

Mit gespanntem Körper auf den Ball legen, auf den Händen vor- und rücklaufen (der Körper bewegt sich auf dem Ball ohne hinunterzufallen, *Abb. 10)*.

b) Im Kniesitz und Kniestand

Ball im größtmöglichen Kreis um den Körper rollen *(Abb. 11)*.

Ball vor- und rückrollen, dabei weit vorbeugen.

Ball hochwerfen und fangen mit Aufrichten in den Kniestand.

Ball im Halbkreis vor dem Körper prellen (Gewicht verlagern!):

1. nur mit linker oder rechter Hand,
2. mit Handwechsel vor dem Körper.

Dasselbe im Kniestand.

Kniesitz: Ball vor dem Körper ununterbrochen prellen. Beidhändig oder ständig wechselnd rechts und links.

Ball einmal prellen, dann Kniestand und Hochhalte.

Ball dreimal prellen, das dritte Mal stark prellen.

Dasselbe mit Fangen des Balles nach dem dritten Prellen im Stand.

Ball dreimal prellen, beim vierten Takt Kniestand und Hochhalte.

Ball viermal links neben dem Körper prellen, dann Ball im Kniestand über den Kopf nach rechts werfen. Rechte Hand übernimmt *(Abb. 12)*.

Ball links hochstoßen (mit Aufrichten in den Kniestand) und rechts übernehmen.

Zwei Dreiertaktübungen

Ball links rückführen (Finger zeigen nach hinten, Oberkörper senken), Rückbewegung mit 1½ Armkreis und Hochführen oder Hochwerfen des Balles im Kniestand, rechte Hand übernimmt *(Abb. 13)*.

Ball links rückführen (Finger zeigen nach hinten, Oberkörper senken), Rückbewegung, einen Preller links, Ball beidhändig übernehmen, Kniestand und Hochhalte. Gegengleich.

Abb. 13

Abb. 14

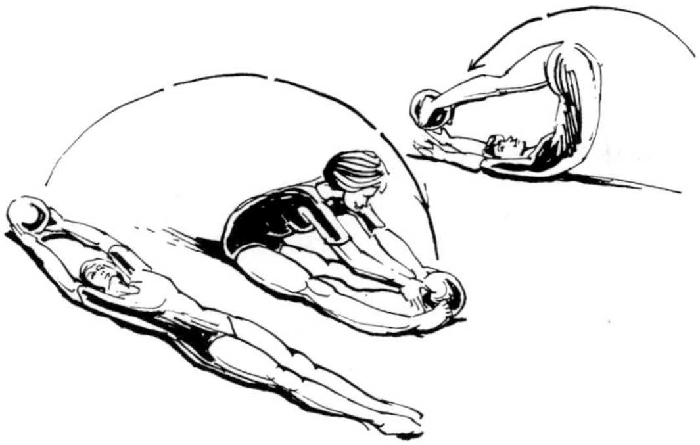

Abb. 15

Kombinationen von Rollen – Werfen – Prellen:

Ball um den Körper rollen (8 Takte), zweimal Ball hochwerfen und fangen (8 Takte). Ball mit weitem Vorbeugen vor- und rückrollen (8 Takte), Ball hochwerfen und fangen (4 Takte), Ball dreimal schnell prellen (prell, prell, prell, = 4 Takte).

Ball links hochstoßen, rechts übernehmen, gegengleich (8 Takte), im Halbkreis von links nach rechts rollen (8 Takte).

c) Rückenlage

Ball beidhändig gefaßt, Handrücken zeigen nach außen: Ball hochwerfen und fangen.

Ball beidhändig gefaßt, Handrücken zeigen nach unten: Ball hochstoßen und fangen.

Ball beidhändig gefaßt, Handrücken zeigen nach unten: Ball hochführen und senken, dann hochstoßen und fangen.

Ball zwischen die Füße klemmen:

1. Beine gestreckt heben und senken.

2. Beine anwinkeln, hochheben, strecken und senken.

3. Beine gestreckt heben, bis hinter den Kopf auf den Boden führen. Rückbewegung.

Beine angewinkelt aufstellen: Becken heben, dabei Ball unten durchgeben, Becken senken, dabei Ballübergabe vor dem Körper. Becken heben und senken, mit dem Ball einen Kreis rollen unter dem Becken hindurch und hinter dem Kopf herum *(Abb. 14).*

Ball um den ganzen Körper rollen mit Aufrichten in den Sitz.

Ball beidhändig gefaßt in Hochhalte: Schnelles Aufrichten in den Schwebesitz, Ballübergabe unter den Beinen.

Ball beidhändig gefaßt in Hochhalte: Schnelles Aufrichten in den Strecksitz, Übergabe des Balles zwischen die Füße, Rückenlage mit Armen in Hochhalte, Heben der Beine und Ballübergabe hinter dem Kopf in die Hände. Rückbewegung der Beine (die Übung muß fließend erfolgen, *Abb. 15).*

Arme in Seithalte, Ball links gefaßt: Abwechselndes Hochspreizen der Beine, dabei Ballübergabe unter den hochgespreizten Beinen.

d) Im Sitz und Kanons

Strecksitz

Ball hochwerfen und fangen.

Ball hochwerfen mit schnellem Beingrätschen, Ball fallen lassen, wiedererfassen und sofortiges Beinschließen.

Ball beidhändig in Hochhalte: Einmal Prellen des Balles rechts neben den gestreckten Beinen, Hochhalte, dasselbe links, dann Beine zweimal grätschen und schließen mit Prellen des Balles zwischen den gegrätschten Beinen und anschließender Hochhalte.

Ball beidhändig in Hochhalte: Einmal rechts und links neben den Beinen Prellen des Balles mit anschließender Hochhalte, dann Grätschsitz mit dreimaligem Prellen des Balles zwischen den gegrätschten Beinen. Nach dem dritten Preller Hochhalte (sprich: und prell und hoch und prell und hoch und prell und prell und prell und hoch). Beine schließen, Übung beginnt von vorn.

Dasselbe ohne Hochhalte, schnelleres Tempo (sprich: und prell und prell und prell, prell, prell).

Ball rechts und links der Beine einmal prellen, dann hochwerfen und fangen.

Ball rechts und links der Beine einmal prellen, dann Grätschsitz, Ball hochwerfen, fallen lassen und fassen, Strecksitz.

Hände aufstützen, Ball auf den gestreckten Beinen entlangrollen lassen, dabei langsam Beine und Becken abwechselnd heben und senken.

Ball um die gestreckten Beine und den Körper rollen.

Ball unter den gestreckt gehobenen Beinen und um den Körper rollen.

Halten des Balles im Schwebesitz zwischen den Füßen: Über die Bauchlage zurück in den Schwebesitz rollen.

Arme in Seithalte, Ball links: Linkes Bein hochspreizen, Übergabe des Balles unter dem Bein, Seitführen des Balles nach rechts. Gegengleich.

Dasselbe, jedoch nach dem Seitführen den Ball über den Kopf nach links werfen. Gegengleich.

Dasselbe, jedoch nach dem Werfen den Ball sofort hinter dem Rücken nach rechts geben.

Ball liegt in Kniehöhe links neben den Beinen: Ball beidhändig aufnehmen, hochwerfen, fangen und sofort rechts ablegen; beide Beine gestreckt über den Ball führen und senken.

Kanon, zwei Gruppen

1. Ball einmal links und rechts vom Körper prellen (1 – 2 – 3 – 4), Grätschsitz und vier Preller zwischen den gegrätschten Beinen (1 – 2 – 3 – 4).

2. Ball einmal hochwerfen und fangen (1 – 2 – 3 – 4). Grätschsitz: Ball beidhändig weit vor- und rückrollen (1 – 2 – 3 – 4).

Kanon, zwei Gruppen

1. Grätschsitz, Ball liegt zwischen den gegrätschten Beinen: Beine heben, über dem Ball schließen, dann zurück in den Grätschsitz (1 – 2 – 3 – 4).

Hände aufstützen, Becken heben und senken (1 – 2 – 3 – 4).

Rechte Hand an den linken Fuß führen, rückbewegen und gegengleich (1 – 2 – 3 – 4, 1 – 2 – 3 – 4).

2. Ball beidhändig prellen: Zweimal links und zweimal rechts neben dem Körper (1 – 2 – 3 – 4, 1 – 2 – 3 – 4), dann Prellen zwischen den gegrätschten Beinen: Zweimal langsam (1 – 2 – 3 – 4), dreimal schnell, einen Takt Pause (1 – 2 – 3 – –).

Kanon, drei Gruppen

1. Grätschsitz: Beidhändig dreimal drei schnelle, kurze Preller (1 – 2 – 3 – 1 – 2 – 3 – 1 – 2 – 3), Ballhalten und Strecksitz (1 – 2 – 3).

2. Zweimal beidhändig Ball hochwerfen und fangen (1 – 2 – 3 – 1 – 2 – 3 – 1 – 2 – 3 – 1 – 2 – 3).

3. Ball einmal um die gestreckten Beine rollen (1 – 2 – 3 – 1 – 2 – 3 – 1 – 2 – 3 – 1 – 2 – 3).

e) Im Stand und Kanons

Ball beidhändig gefaßt, Arme angewinkelt: Ununterbrochenes, federndes Hüpfen (Schlußsprünge, Grätschsprünge), dabei folgende Übungen ausführen: Ball in Vorhalte, Rückbewegung, Ball in Hochhalte, Rückbewegung.

Steigerungen: Bei „Hochhalte“ Ball leicht hochwerfen, bei „Hochhalte“ statt Schlußsprung einen Grätschsprung ausführen, bei „Hochhalte“ Ball hochwerfen und Grätschsprung, bei „Vorhalte“ ¼ Drehung, statt „Hochhalte“ einen Preller, beim „Preller“ statt Schlußsprung einen Grätschsprung ausführen.

Ball von den Fußspitzen an am Körper hochrollen bis in die Hochhalte. Ball im großen Bogen vortief senken.

Im Grätschstand: Beginn in der Hochhalte, Rumpfdrehen links, Ball am linken Bein abwärtsrollen, im großen Bogen über vorhoch in die Hochhalte führen. Gegengleich.

Im Grätschstand Ball von einem Fuß zum anderen rollen. Gewicht verlagern! (Beidhändig oder mit Handwechsel.)

Im Grätschstand den Ball im Achterkreis um die Füße rollen.

Im Grätschstand Ball zweimal um linken Fuß, dann zweimal um rechten Fuß rollen. Gewicht verlagern!

Ball beidhändig gefaßt, Arme gesenkt: Langsam in Vorhalte heben, Arme anwinkeln, dabei Hände so drehen, bis Fingerspitzen zum Körper zeigen. Rückbewegung.

Ball rechts in Schulterhöhe gefaßt, Finger zeigen nach hinten: Ball hochstoßen, links übernehmen.

Ball beidhändig gefaßt, lockere Vorhalte: Ball mit rechtem oder linkem Knie hochstoßen, fangen.

Ball beidhändig auf dem Rücken halten: Über Schulter oder Kopf vorwerfen und fangen.

Ball beidhändig in Hochhalte: Ball hinter den Körper fallen lassen und schnell auf dem Rücken mit beiden Händen fangen.

Ball so schnell wie möglich um den Körper herumgeben.

Stand, Ball links in Seithalte: Unter linkem, dann rechtem hochgespeizten Bein nach rechts prellen, rechts übernehmen und gegengleich.

Ball links in Vorhalte: 1½ Armkreis nach unten, beginnend mit Senken in die Hockstellung. Rückbewegung und Wechsel des Balles nach rechts.

Ball links in Vorhalte: 1½ Armkreis nach unten beginnend, Übergabe des Balles in der Hockstellung hinter dem Rücken nach rechts. Rückbewegung rechts.

Grätschstellung, Ball links in Seithalte: Schwingen des Balles nach rechts (über tief), Rückbewegung und Hochwerfen

Abb. 16

des Balles links. Links fangen *(Abb. 16)*. Übung dreimal links ausführen, dann Übergabe des Balles vor dem Körper nach rechts.

Übung viermal links ausführen, beim vierten Mal statt „Hochwerfen" Ball über den Kopf nach rechts werfen und sofort gegengleich von vorn beginnen (die Übung muß „fließen").

Grätschstellung, Ball links in Seithalte: Ball links hochwerfen, links fangen, über den Kopf nach rechts werfen. Gegengleich.

Grätschstellung, Ball links in Seithalte: Ball links hochwerfen, links fangen, über den Kopf nach rechts werfen und sofort von rechts nach links schwingen (fließende Bewegung).

Grätschstellung, Ball links in Seithalte: Ball links hochwerfen, sofort mit rechter Hand fangen und über tief nach rechts schwingen. Gegengleich.

Grätschstellung, Ball links Seithalte, 4/4-Takt: Ball links hochwerfen (1), rechts fangen und nach rechts schwingen (2), über den Kopf nach links werfen (3), links fangen (4, fließende Bewegung).

Grätschstellung, Ball links in Seithalte: Über tief nach rechts schwingen, Ball hochwerfen, links fangen, Rückbewegung.

Grätschstellung, Ball links in Seithalte: Ball links hochwerfen, links fangen, über tief nach rechts schwingen, Ball rechts hochwerfen, fangen (mit linker Hand), Rückbewegung. Gegengleich.

Grätschstellung, Ball links in Seithalte: 1½ Armkreis nach unten beginnend, Hochwerfen des Balles auf der rechten Seite, rechts fangen. Gegengleich.

Grätschstellung, Ball links in Seithalte: Ball zweimal links prellen, dann über den Kopf nach rechts werfen, rechts übernehmen. Gegengleich.

Grätschstellung, Ball links in Seithalte: Vier Preller im Halbkreis vor dem Körper nach rechts ausführen, sofort gegengleich weiterprellen.

Dasselbe, aber Übernahme des Balles nach zwei Prellern vor dem Körper.

Dasselbe, aber nach vier Prellern übernimmt rechts und wirft den Ball über den Kopf zurück nach links.

Mit acht Hüpfschritten um den links geprellten Ball herum, sofort gegengleich.

Ball beidhändig dreimal prellen, auf Takt 4 lockere Hochhalte.

Dasselbe in der Hockstellung, auf Takt 4 Stand und Hochhalte.

Dasselbe in der Hockstellung, auf Takt 4 Stand und Hochhalte mit gleichzeitiger ½ Drehung.

In der Hockstellung federndes Hüpfen, dabei beidhändig sechs Preller ausführen, auf die Takte 7 und 8 Stand, Ball hochwerfen und fangen.

Stand, Ball beidhändig gefaßt: Zwei langsame Preller (1, 2, 3, 4), drei schnelle Preller (1, 2, 3), Pause (4.) (Sprich: prellen, prellen, prell, prell, prell und).

Dasselbe, den letzten Preller stark ausführen und Ball fangen.

Dasselbe in der Hockstellung und im Kniestand ausführen, beim letzten Preller Stand und Fangen des Balles.

Ball viermal gleichmäßig prellen, beidhändig.

Dasselbe, jedoch beim dritten Preller Grätschstellung, beim vierten Preller Stand.

Dasselbe, beim dritten Preller Grätschstellung, auf Takt 4 kein Preller, aber wieder Stand.

Kanon, drei Gruppen, offene Aufstellung, 3/4-Takt

1. Hockstellung, beidhändig dreimal drei schnelle Preller und Aufrichten (1, 2, 3, 1, 2, 3, 1, 2, 3, 1, 2, 3).

2. Zweimal beidhändig Ball hochwerfen und fangen (1, 2, 3, 1, 2, 3, 1, 2, 3, 1, 2, 3).

3. Zwei Seitstellschritte nach links und Rollen des Balles mit rechter Hand nach links, gegengleich (1, 2, 3, 1, 2, 3, 1, 2, 3, 1, 2, 3).

C. Partnerübungen

a) Mit einem Ball

A und B stehen sich gegenüber und halten mit beiden Händen den Ball: A führt, B folgt und „klebt" fest am Ball. Verschiedene Gangarten und Stellungen gemeinsam ausführen.

Balltransport ohne Zuhilfenahme der Hände: Ball zwischen A- Bauch und B-Bauch klemmen, Ball zwischen A-Rücken und B-Rücken klemmen, Ball zwischen A-Bauch und B-Rücken klemmen. Wechseln.

Auch mit Seitstellschritten versuchen.

A und B Handfassung, nebeneinander stehen: Beim Vorwärtslaufen den Ball abwechselnd rollen; Wechsel nach acht Laufschritten.

Dasselbe mit Hüpfschritten und Prellen.

A und B beidhändig gefaßt, Ball auf den Armen balancieren: vor-, rück- oder seitgehen.

Stand, A und B beidhändig gefaßt, Ball auf den Armen: Hochwerfen und mit den Armen weich auffangen.

Beides verbinden: Vier Schritte gehen, im Stand Ball hochwerfen und fangen (A vorwärts, B rückwärts gehen).

A und B beidhändig gefaßt, Ball auf den Armen balancieren: Ball hochwerfen, Arme (nicht Hände!) öffnen, Ball fallen lassen, sofort mit den Armen aufnehmen, ohne Handfassung zu lösen.

Mit „gehen" verbinden: Vier Schritte gehen, im Stand Ball hochwerfen, Arme öffnen, Ball fallen lassen und aufnehmen.

Alles kombinieren: Vier Schritte gehen, Ball hochwerfen und fangen, vier Schritte gehen, Ball hochwerfen, fallen lassen und fangen.

A Bauchlage, auf Hände und Füße stützen, Brücke bauen: B Ball unter der Brücke durchrollen, A senken in die Bauchlage.

A und B Bauchlage gegenüber: Ball zurollen.

A und B Bauchlage gegenüber: A Ball hochwerfen und fangen (1, 2, 3, 1, 2, 3), dann rollen zu B (1, 2, 3, 1, 2, 3). Gegengleich.

A und B Bauchlage gegenüber: A Ball hochwerfen und fangen (1, 2, 3, 1, 2, 3), dann einmal prellen und zu B rollen (1, 2, 3, 1, 2, 3).

Während A den Ball hat, führt B eine Übung aus, z. B.: Hände aufstützen, Oberkörper aufrichten und senken (1, 2, 3, 1, 2, 3), Beine grätschen und schließen (1, 2, 3, 1, 2, 3).

A Rückenlage, Arme in Seithalte, Beine angewinkelt: Brücke bauen. B Ball unter der Brücke durchrollen. A Becken senken.

Grätschsitz gegenüber: Ball zurollen, zuwerfen, zuprellen.

Grätschsitz gegenüber: A Ball beidhändig gefaßt vorrollen (Oberkörper weit vorbeugen), zurückrollen, dann wegrollen zu B.

Grätschsitz gegenüber: A rollt den Ball zu B, B gibt den Ball einmal um den Körper herum.

Grätschsitz gegenüber: A Ball zweimal hochwerfen und fangen, zweimal prellen, dann zu B rollen.

B turnt in der „ballfreien Zeit" folgende Übung: Beine schließen und grätschen (mit Aufstützen der Hände), Becken heben und senken, Handklatsch auf den Boden und über dem Kopf, dann Ball übernehmen.

Kniestand, Rücken an Rücken, A Ball beidhändig gefaßt in Hochhalte, B Arme in Hochhalte: Ballübergabe in Hochhalte, A und B Senken in den Kniesitz mit Senken der Arme und Rollen des Balles zum Partner.

Abb. 17

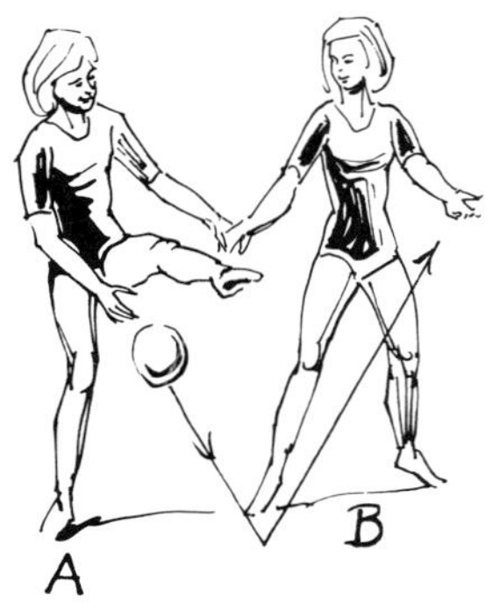

Abb. 18

Abb. 19

Stand hintereinander, Abstand ca. 3 m: A wirft den Ball über den Kopf nach hinten zu B, beide ½ Drehung.

A rollt den Ball durch die gegrätschten Beine nach hinten zu B, beide ½ Drehung.

Stand nebeneinander, A hat Ball in Seithalte außen: Ball über beide Köpfe hinweg zur Außenhand von B werfen.

Stand nebeneinander, A hat Ball in Seithalte außen: Prellen des Balles unter dem hochgespreizten Bein zu B *(Abb. 17).*

Grätschstand, Rücken an Rücken: A Ball beidhändig gefaßt in Hochhalte zu B geben, B den Ball durch die gegrätschten Beine zu A rollen.

Stand gegenüber, die rechten Hände gefaßt, A hat Ball in Seithalte: Ball unter den gefaßten Händen hinweg zu B werfen, B den Ball übernehmen und in Seithalte führen.

Dasselbe mit Dreierschritten kombinieren: Zwei Dreierschritte, im Stand Werfen des Balles von A zu B (sprich: 1, 2, 3, 1, 2, 3, werfen und fangen).

Oder vier Dreierschritte, im Stand Werfen des Balles von A zu B und wieder zurück.

Stand gegenüber, ununterbrochenes Prellen des Balles am selben Ort: A prellt viermal, dann prellt sofort B viermal weiter usw.

Dasselbe mit dreimal Prellen, zweimal Prellen und einmal Prellen.

Dasselbe mit achtmal Prellen, dabei hüpft B mit acht Hüpfschritten um A.

Stand gegenüber, Abstand ca. 3 m, Ball immer beidhändig gefaßt: Ball zurollen, zuwerfen, zuprellen.

Kombinationen: Zweimal Zuprellen und Fangen, dann zweimal Prellen am Ort, anschließend einmal Zuwerfen und Fangen.

Zweimal Zuwerfen und Fangen, dann zweimal Prellen am Ort, anschließend einmal Zuprellen und Fangen.

Zweimal Zuprellen und Fangen, dann zweimal Prellen am Ort, anschließend einmal Zuprellen und Fangen.

Zweimal Zuwerfen und Fangen, dann zweimal Prellen am Ort, anschließend einmal Zuwerfen und Fangen. Oder statt „zweimal Prellen am Ort“ einmal Hochwerfen und Fangen.

Steigerung: Nach jedem „Zuwerfen“ oder „Zuprellen“ 1/1 Drehung ausführen.

Strecksitz gegenüber, Füße aneinander: Ball um beide Körper rollen mit wechselnder Rückenlage.

Sitz gegenüber: A hält den Ball zwischen den Füßen, B übernimmt den Ball mit den Füßen.

Strecksitz hintereinander, A ist Vordermann und hält den Ball mit den Füßen: Mit Schwung auf den Rücken rollen, dabei den Ball nach hinten zu B werfen. B fängt den Ball, und beide führen ½ Drehung aus *(Abb. 18).*

Dasselbe, aber B fängt den Ball, setzt sich mit dem Ball vor A, und die Übung beginnt von vorn.

Hocksitz gegenüber, Abstand ca. 2 m: Ball mit den Füßen zurollen und zuwerfen.

A Hockstellung, Hände auf den Boden stützen, Ball zwischen die Füße klemmen: Ball mit den Füßen rückhoch werfen. B steht hinter A und versucht den Ball zu fangen *(Abb. 19).*

Abb. 20

A Bankstellung, Hohlkreuz, Kopf in den Nacken, Ball liegt im Hohlkreuz: Schnell „Katzenbuckel", Kopf senken und dabei den Ball hochstoßen. B steht neben A und fängt den Ball *(Abb. 20).*

b) Mit zwei Bällen

Stand gegenüber, Abstand ca. 3 m, Ball rechts gefaßt: Bälle gleichzeitig zurollen, zuwerfen und zuprellen, linke Hand übernimmt den entgegenkommenden Ball.

Kombinationen: A und B Ball hochwerfen und fangen, Ball zuwerfen und fangen.

Ball hochwerfen und fangen, Ball zurollen und aufnehmen.

Ball hochwerfen und fangen, Ball zuprellen und fangen.

Oder beim Ballwechsel führen A und B verschiedene Übungen aus, z. B.: A rollt den Ball, B wirft den Ball. A rollt den Ball, B prellt den Ball. A wirft den Ball, B prellt den Ball.

Zweimal Prellen am Ort, dann Ballwechsel (wie oben), 1/1 Drehung mit Ball, dann Ballwechsel.

Stand gegenüber, Abstand ca. 1 m, Ball links gefaßt: Viermal Prellen des eigenen Balles links, dann sofort viermal Prellen des Partnerballes rechts.

Dasselbe mit drei Prellern, mit zwei Prellern, mit einem Preller.

Zwei Preller links, zwei Preller rechts, dann viermal ständiger Wechsel mit links, rechts, links, rechts.

Stand nebeneinander, linke Schulter zueinander, linke Hände gefaßt: Bälle rechts außen viermal Prellen, Platzwechsel ohne Lösung der Handfassung und viermal Prellen des Partnerballes.

Abb. 21

D. Partnerübungen mit Ball und Reifen

Stand gegenüber, Abstand ca. 3 m, A mit Ball, B mit Reifen: Gleichzeitig Ball zuwerfen und Reifen zurollen.

Gleichzeitig beide Geräte zuwerfen, wobei der Ball durch den Reifen fliegen soll *(Abb. 21).*

Ball durch abwechselnd hoch- und tiefgehaltenen Reifen werfen und auf der anderen Seite fangen *(Abb. 22).*

Dasselbe in der Bewegung, A läuft von einem Reifen zum anderen.

Dasselbe in der Bewegung, A und B laufen durcheinander.

A hält den Reifen beidhändig gefaßt waagerecht in Oberschenkelhöhe, B prellt den Ball im Reifen.

Variationen: B prellt viermal, schneller Reifengriffwechsel, A übernimmt den Ball und geht mit vier Hüpfschritten zum nächsten Reifen.

B prellt viermal, schneller Reifengriffwechsel, A prellt viermal, dann acht Hüpfschritte zum nächsten Reifen oder acht Hüpfschritte um die eigene Partnerin herum.

A und B stehen nebeneinander, Innenhände fassen dicht nebeneinander den senkrechten Reifen, Außenhände werfen sich durch den Reifen den Ball zu *(Abb. 23).*

Zwei Preller außen, dann zuwerfen und fangen.

Einmal hochwerfen außen, dann zuwerfen und fangen.

Bei „Hochwerfen" macht A ½ Drehung, faßt den Reifen mit der Wurfhand und fängt den Ball mit der neuen Außenhand, zuwerfen und fangen. Gegengleich.

Abb. 22

Abb. 23

Abb. 24

Dreimal zuwerfen und fangen, dann Hochwerfen des Balles mit ½ Drehung und Griffwechsel wie oben.

A zuwerfen, B fangen und hochwerfen, mit ½ Drehung fangen und hochwerfen (A ½ Drehung) fangen. Gegengleich.

A und B Reifen waagerecht rechts gefaßt, Ball links Seithalte: Sechs Dreierschritte mit dreimal Hochwerfen des Balles, dann von unten nach oben durch den Reifen zur Partnerin werfen *(Abb. 24)*.

E. Gemeinschaftsübungen mit Bällen

a) Gymnastik im Kreis

Kreisaufstellung, rechte Schulter zur Kreismitte, 4/4-Takt

Ball beidhändig gefaßt, Hochhalte:

Vier Schritte gehen, Ball nach hinten fallen lassen, Ball des Vordermannes nach dem Aufprellen aufnehmen (sprich: 1, 2, 3, 4, fallen lassen, fassen, hoch).

Dasselbe, jedoch nach Aufnahme des neuen Balles einmal prellen (sprich: 1, 2, 3, 4, fallen, fassen, prellen, hoch).

Dasselbe, jedoch nach Aufnahme des neuen Balles ½ Drehung (sprich: 1, 2, 3, 4, fallen, fassen, drehen und hoch).

Dasselbe, jedoch nach Aufnahme des neuen Balles einmal prellen, ½ Drehung und Hochhalte (sprich: 1, 2, 3, 4, fallen, fassen, prelldreh, hoch).

Ball beidhändig vor dem Körper halten: Vier Schritte gehen, Ball über den Kopf zum Hintermann werfen, den entgegenkommenden Ball fangen (sprich: 1, 2, 3, 4, werfen, laufen, fangen, stehen).

¾-Takt, Ball beidhändig gefaßt in Vorhalte: Zwei Schritte gehen mit Prellen (1, 2, 3, 1, 2, 3), Ball durch die Grätschstellung zum Hintermann rollen (1, 2, 3), entgegenkommenden Ball aufnehmen (1, 2, 3), zwei Schritte gehen mit Prellen (1, 2, 3, 1, 2, 3), Ball über den Kopf zum Hintermann werfen (1, 2, 3), entgegenkommenden Ball übernehmen (1, 2, 3, sprich: prellen und prellen und werfen und fangen).

Ball beidhändig gefaßt in Vorhalte: Sechs Schritte gehen mit dreimal Hochwerfen des Balles (1, 2, 3, 1, 2, 3, 1, 2, 3, 1, 2, 3, 1, 2, 3, 1, 2, 3), Ball durch die Grätschstellung zum Hintermann rollen, entgegenkommenden Ball übernehmen (1, 2, 3, 1, 2, 3).

Hockstellung, Ball beidhändig in Vorhalte: Dreimal drei schnelle Preller (1, 2, 3, 1, 2, 3, 1, 2, 3), Stand (1, 2, 3), zweimal Ball hochwerfen und fangen (1, 2, 3, 1, 2, 3, 1, 2, 3, 1, 2, 3), Ball durch die Grätschstellung zum Hintermann rollen, entgegenkommenden Ball übernehmen (1, 2, 3, 1, 2, 3, 1, 2, 3, 1, 2, 3).

Dasselbe, jedoch statt „Ballrollen" Ball über den Kopf zum Hintermann werfen.

b) Kanons

Kanon mit drei Kreisen

1. Dreimal drei schnelle Preller, Stand.
2. Zweimal Ball hochwerfen und fangen.
3. Ball durch die Grätschstellung zum Hintermann rollen.

Kreisaufstellung, Gesicht zur Kreismitte

Stand, Ball rechts gefaßt, Seithalte: Ball über tief zur linken Hand werfen, zur rechten Hand, dann zur linken Partnerin.

Sofort den von rechts kommenden Ball beidhändig übernehmen und rechts seitführen.

Stand, Ball beidhändig gefaßt in Vorhalte: Ball zweimal hochwerfen und fangen, beim zweiten Hochwerfen den Ball links-hoch zur linken Partnerin werfen, den von rechts kommenden Ball übernehmen.

Stand, Ball beidhändig in Vorhalte: Ball zweimal hochwerfen und fangen, dann viermal prellen, den vierten Preller weg nach links zur Partnerin, den von rechts kommenden Ball übernehmen.

Stand, Ball beidhändig gefaßt in Vorhalte: Ball viermal prellen, Schritt nach links zum nächsten Ball und sofort viermal weiterprellen. So fort. Dasselbe mit drei Prellern, mit zwei Prellern, mit einem Preller.

Ball viermal prellen, dann Ball nach links zum Partner prellen (1 und 2), den von rechts kommenden Ball übernehmen (3 und 4, sprich: 1, 2, 3, 4, prell und fang).

Ball dreimal prellen, dann nach links zum Partner prellen und sofort mit dem von rechts kommenden Ball weiterprellen.

$^3/_4$-Takt-Kanon mit drei Kreisen

1. Ball rechts in Seithalte: Über tief zur linken Hand werfen, zur rechten Hand, dann zur linken Partnerin, von rechts kommenden Ball übernehmen (1, 2, 3, 1, 2, 3, 1, 2, 3, 1, 2, 3).

2. Ball zweimal hochwerfen und fangen (1, 2, 3, 1, 2, 3, 1, 2, 3, 1, 2, 3).

3. Ball viermal prellen (1, 2, 3, 1, 2, 3, 1, 2, 3, 1, 2, 3). Wiederholen mit Ballwechsel bei „2“. Wiederholen mit Ballwechsel bei „3“. Wiederholen mit Ballwechsel bei 1, 2 und 3.

F. Dreierübungen

a) Mit einem Ball

A und C stehen mit Abstand gegenüber, B steht in der Mitte: A und C rollen sich den Ball zu, B überhüpft den anrollenden Ball, springt vor dem anrollenden Ball in die Grätschstellung, liegt in der Bauchlage und baut vor dem anrollenden Ball eine „Brücke“ *(Abb. 25).*

A und C werfen sich den Ball zu, B versucht den Ball zu fangen.

Bei allen Übungen nach dem dritten Durchgang Positionswechsel: A wird B, B wird C, C wird A usw., ohne dabei aus dem Takt zu kommen.

Abb. 25

b) Mit drei Bällen im $^3/_4$-Takt

A, B und C stehen nebeneinander, A und C einander zugewendet. A und C führen folgende Übung aus: Ball mit linker Hand zuwerfen, mit rechter Hand fangen (1, 2, 3, 1, 2, 3), dann zweimal am Ort prellen (1, 2, 3, 1, 2, 3), nochmals zuwerfen, fangen (1, 2, 3, 1, 2, 3), dann läuft A auf die freie Seite von C (1, 2, 3, 1, 2, 3). Gleichzeitig führt B folgende Übung aus: In der Hockstellung zweimal prellen (1, 2, 3, 1, 2, 3), dann im Stand den Ball einmal hochwerfen und fangen (1, 2, 3, 1, 2, 3), nochmals in der Hockstellung zweimal prellen (1, 2, 3, 1, 2, 3), dann Stand mit $^1/_4$ Drehung in die Position von A. Die Übung beginnt von vorn: A ist nun C, B ist A und C ist B.

G. Ballspiele

1. Zwei Kreise geben so schnell wie möglich je einen Ball im Kreis herum. In welchem Kreis ist der Ball zuerst wieder am Ausgangspunkt?

2. Tigerball. Kreisaufstellung, ein Ball bis drei Bälle werden kreuz und quer gerollt. Eine Turnerin bis drei Turnerinnen stehen in der Mitte und versuchen einen Ball zu bekommen. Wer einen Ball fängt, stellt sich auf die Kreislinie, wer diesen Ball zuletzt gerollt hat, geht in den Kreis und wird Fänger.

3. Bälle weg. Zwei Mannschaften stehen sich gegenüber, alle Spieler haben einen Ball: Nach dem Anpfiff werden so viele Bälle wie möglich ins gegnerische Feld geworfen. Nach dem Schlußpfiff wird gezählt. Die Mannschaft mit den wenigsten Bällen im Feld hat gewonnen.

2

Gymnastik mit dem Medizinball

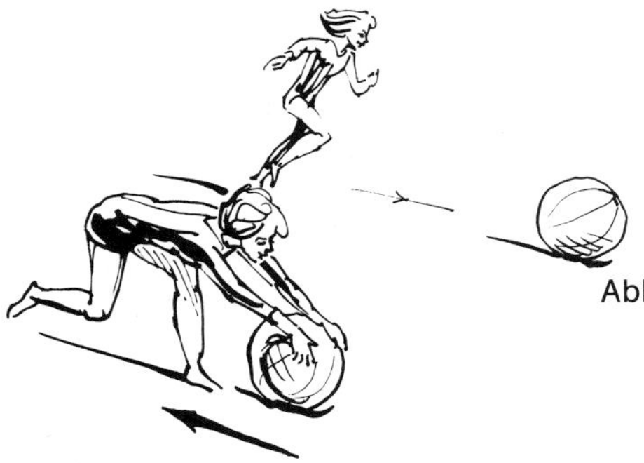

Abb. 26

Abb. 27

Abb. 28

Abb. 29

A. Aufwärmen

a) Von einem Hallenende zum anderen / Kreuz und quer

Den Medizinball beidhändig gefaßt tragen: Kreuz und quer durch die Halle laufen, bei Musikende oder auf Zuruf Sitz auf dem Medizinball.

Medizinball beim Vorwärtsgehen abwechselnd links und rechts nebenherrollen.

Medizinball kräftig wegrollen, hinterherlaufen *(Abb. 26).*

Beim Rückwärtsgehen Medizinball beidhändig hinterherrollen *(Abb. 26).*

Beim Vorwärtsgehen Medizinball beidhändig hochwerfen und fangen.

Medizinball beidhändig gefaßt vier Schritte tragen, dann Hochhalte und Senken.

Medizinball beidhändig gefaßt in Hochhalte: Ballengang *(Abb. 27).*

Medizinball in Vorhalte: Mit federnden Ausfallschritten vorwärtsgehen *(Abb. 27).*

Medizinball beidhändig auf dem Rücken tragen: Vorwärtsgehen, bei Musikende oder auf Zuruf Rumpf vortiefbeugen, Medizinball loslassen und über Rücken und Kopf abrollen lassen *(Abb. 28).*

In der Hocke vorwärtsgehen, Medizinball in Vorhalte oder Hochhalte.

Vier Schritte in der Hocke gehen, dann Stand und Hockstellung, dabei Medizinball in die Tiefhalte oder Hochhalte führen.

Medizinball beidhändig gefaßt: Kreuz und quer gehen, bei Musikende oder auf Zuruf aufgerufene Stellung einnehmen, ohne daß der Medizinball den Boden berührt.

Medizinbälle im Raum verteilt ablegen, um alle Medizinbälle gehen, hüpfen, laufen: Bei Musikende Sitz auf irgendeinem oder auf dem eigenen Medizinball.

b) Kreisaufstellung

Alle Medizinbälle im Kreis ablegen, Abstand ca. 2 m: Um alle Medizinbälle in Kurven gehen, hüpfen oder laufen.

Dasselbe, aber jeden Medizinball mit der Hand abschlagen *(Abb. 29).* Alle Medizinbälle im Pferdchensprung oder Schlußsprung überhüpfen *(Abb. 29).* Mit Grätschstrecksprung über alle Medizinbälle *(Abb. 29).* Alle Medizinbälle einmal umkreisen *(Abb. 29).*

Stand vor dem eigenen Medizinball, Gesicht zur Kreismitte: Medizinball im Pferdchensprung überhüpfen, ½ Drehung, zweimal Seitgalopp im Uhrzeigersinn zum nächsten Medizinball, diesen im Pferdchensprung überhüpfen, ½ Drehung.

Gesicht zur Kreismitte, Medizinball beidhändig gefaßt: Alle gleichzeitig Wurf des Medizinballes zur Linksstehenden, Fangen des von rechts kommenden Medizinballes (¾-Takt).

Rollen des Medizinballes zur Linksstehenden, Aufnehmen des von rechts kommenden Medizinballes (¾-Takt).

Medizinball hochwerfen und fangen, dann zur Linksstehenden rollen und den von rechts kommenden Aufnehmen *(Abb. 30).* (¾-Takt, sprich: Hochwerfen, auffangen, rollen und, fangen und).

Aufstellung auf der Kreislinie, linke Schulter zur Kreismitte, Medizinball beidhändig gefaßt vor dem Körper: Acht Schritte gehen, Medizinball durch die gegrätschten Beine nach hinten rollen, entgegenrollenden Medizinball aufnehmen.

Acht Schritte gehen, Medizinball über den Kopf nach hinten werfen, entgegenkommenden Ball fangen oder aufnehmen.

Abb. 30

B. Gymnastik mit dem Medizinball

a) In der Bauchlage

Medizinball liegt vor dem Körper am Boden: Beidhändig fassen, hochheben und ablegen *(Abb. 31).*

Medizinball zwischen die Füße klemmen: Beine anwinkeln und strecken *(Abb. 31).*

Medizinball liegt neben dem Körper am Boden: Auf Hände und Füße stützen, mit Seitstellschritten über den Medizinball hinweggehen und auf der anderen Seite Bauchlage *(Abb. 31).*

Abb. 31

Auf den Medizinball legen, Körper steif machen, mit den Händen vor- und rückwärts stützeln und dabei auf dem Medizinball hin- und herrollen *(Abb. 32).*

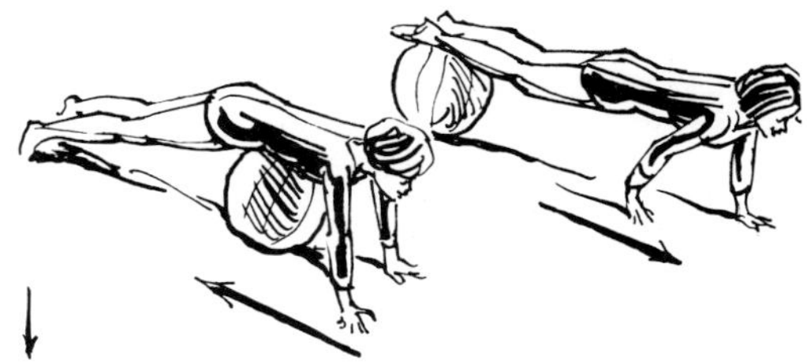
Abb. 32

b) Im Kniesitz und Kniestand

Medizinball um den Körper rollen mit größtmöglicher Amplitude.

Medizinball beidhändig gefaßt in Hochhalte: Kopf langsam auf die Brust senken und den Medizinball in den Nacken senken *(Abb. 33).*

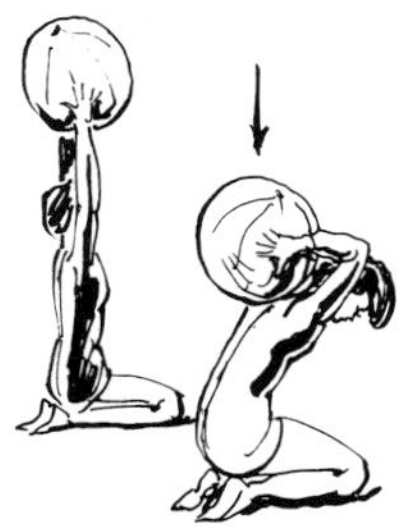
Abb. 33

Abb. 34

Abb. 35

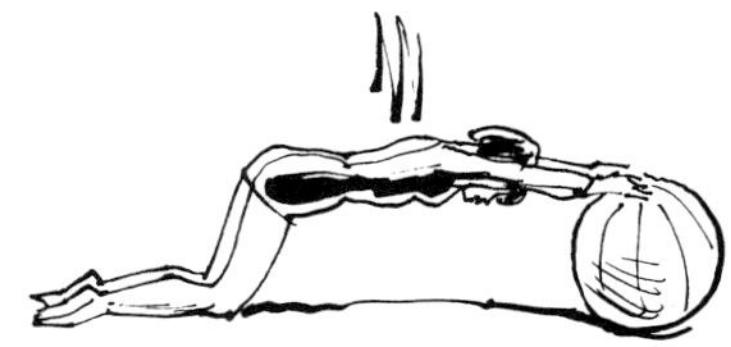

Abb. 36

Medizinball im Fersensitz beidhändig gefaßt in Tiefhalte: Abwechselnd Kniestand und Fersensitz mit Hoch- und Tiefhalte *(Abb. 34).*

Medizinball hochwerfen und fangen.

Dasselbe mit Aufrichten in den Kniestand *(Abb. 34).*

Medizinball liegt links neben dem Körper: Beidhändig aufnehmen, in die Hochhalte führen und rechts ablegen. Gegengleich.

Medizinball liegt hinter dem Rücken am Boden: Beidhändig fassen, rückhoch heben und senken.

Medizinball beidhändig hinter dem Rücken fassen, mit Rumpfvorbeugen und schwunghaftem Rückhochführen der Arme über den Kopf hinweg vorwerfen *(Abb. 35).*

Medizinball im Kniestand soweit es geht vorrollen, Rücken durchfedern *(Abb. 36).*

Medizinball beidhändig gefaßt in Hochhalte: Sitz links neben die Beine mit Senken des Balles nach rechts, Aufrichten und gegengleich.

Medizinball beidhändig gefaßt in Vorhalte: Steifes Rückbeugen des Körpers (kein Hohlkreuz!).

c) In der Hockstellung

Medizinball liegt am Boden: In der Hockstellung um den Medizinball gehen.

Mit geschlossenen Beinen um den Medizinball hüpfen.

Medizinball beidhändig fassen, in die Hochhalte führen und senken.

Medizinball beidhändig fassen, schnelles Aufrichten mit Hochwerfen des Medizinballes. Fangen und in der Hockstellung ablegen.

d) In der Rückenlage

Medizinball beidhändig gefaßt in Hochhalte: Vor- und Hochhalte im Wechsel.

Dasselbe, aber bei „Vorhalte" linkes und rechtes Bein abwechselnd zum Medizinball hochspreizen *(Abb. 37).*

Medizinball in die Vorhalte führen, dann beide Beine; gleichzeitig Beine und Medizinball langsam Rückbewegung.

Medizinball und Beine gleichzeitig heben und senken *(Abb. 37).*

Medizinball in Vorhalte: Beine abwechselnd vorhochspreizen.

Medizinball in Hochhalte: Gleichzeitig Beine anhocken und Medizinball über angehockte Beine senken. Langsame Rückbewegung.

Medizinball in Hochhalte: Mit Schwung in den Sitz mit Senken des Balles auf die Beine. Rückbewegung.

Medizinball in Hochhalte: Mit Schwung in den Sitz, den Medizinball zwischen die Füße klemmen, Senken in die Rükkenlage, Heben der Beine und des Rumpfes, bis der Medizinball hinter dem Kopf den Boden berührt. Übergabe des Medizinballes in die Hände *(Abb. 38).*

Beine grätschen, Medizinball liegt zwischen den Füßen, Arme in Hochhalte: Schnelles Aufrichten in den Sitz und Berühren des Medizinballes mit den Händen, Rückbewegung.

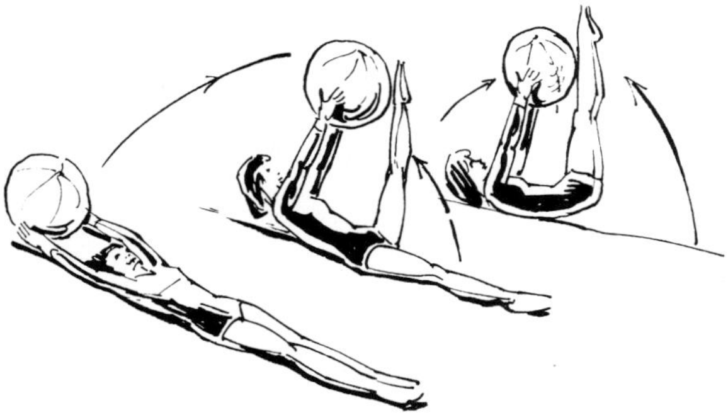

Abb. 37

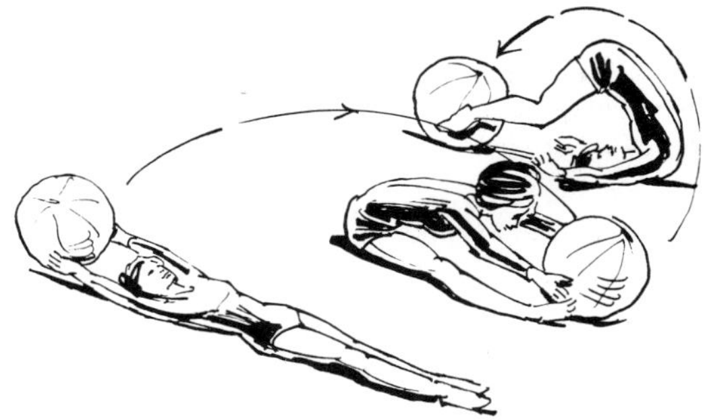

Abb. 38

Dasselbe, aber anschließend Beine über dem Medizinball schließen, Rückbewegung *(Abb. 39)*.

Medizinball mit den Füßen halten, Arme in Hochhalte: Medizinball heben und senken, dann schnelles Aufrichten in den Sitz und Berühren des Medizinballes mit den Händen.

e) Im Hocksitz

Medizinball um den Körper rollen.

Medizinball zwischen die Füße klemmen: Schwebesitz und Hocksitz im Wechsel.

f) Im Strecksitz

Medizinball um den Körper und die gestreckten Beine rollen.

Medizinball unter den gestreckt gehobenen Beinen hindurch und um den Körper rollen.

Medizinball unter den gestreckt gehobenen Beinen von links nach rechts rollen, Beine senken und Medizinball über die Beine hinweg nach links geben.

Medizinball unter den gestreckt gehobenen Beinen von links nach rechts rollen. Beine senken. Gegengleich.

Medizinball beidhändig gefaßt: Hochwerfen und Fangen.

Dasselbe, aber vor dem Fangen in die Hände klatschen.

Medizinball beidhändig gefaßt in Hochhalte: Rumpfvorbeugen mit Senken des Medizinballes auf die Füße, dann schwunghaftes Aufrichten mit Wurf des Medizinballes über den Kopf nach hinten. Ball holen.

Medizinball zwischen die Füße klemmen, mit Schwung in die Rückenlage rollen und den Medizinball mit den Füßen rückwerfen. Ball holen.

Medizinball beidhändig gefaßt in Hochhalte: Senken des Medizinballes links neben dem Körper auf den Boden; Rückbewegung und gegengleich.

Medizinball beidhändig in Hochhalte: Ablegen des Medizinballes links neben den Beinen, Heben der gestreckten Beine über den Medizinball nach links und Senken. Medizinball aufnehmen und in die Hochhalte führen.

Medizinball liegt links neben den Beinen: Erst linkes, dann rechtes Bein gestreckt über den Medizinball nach links führen und senken, dann Medizinball beidhändig fassen und links neben den Beinen ablegen.

Medizinball liegt hinter dem Rücken: Oberkörper langsam über den Medizinball rücksenken, Kopf und Arme schwer

Abb. 39

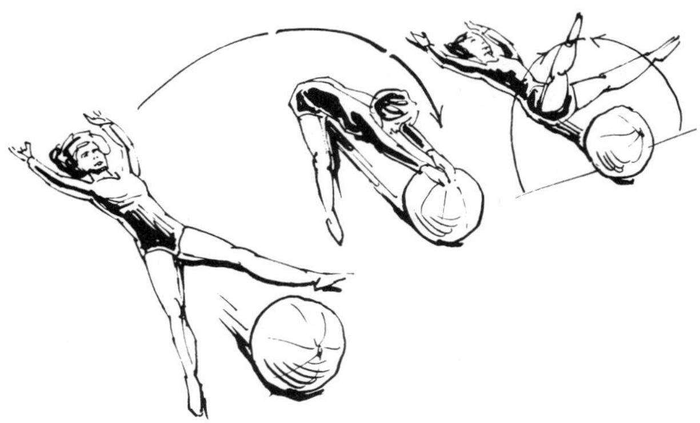

hängen lassen (Gesäß bleibt am Boden). Langsame Rückbewegung.

g) Im Schneidersitz

Medizinball um den Körper rollen.

Medizinball beidhändig gefaßt: Hochwerfen und Fangen.

Medizinball beidhändig gefaßt auf dem Kopf balancieren: Hochhalte und Senken auf den Kopf.

Dasselbe, anschließend Rumpf vortief senken und aufrichten.

Medizinball beidhändig gefaßt in Hochhalte: Trichterkreisen.

Medizinball liegt vor dem Körper: Beidhändig fassen und in die Hochhalte führen. Rückbewegung.

h) Im Grätschsitz

Medizinball beidhändig gefaßt: Hochwerfen und Fangen. Dasselbe, aber beim Hochwerfen gleichzeitig Beine Schließen und Grätschen.

Medizinball liegt zwischen den Beinen: Beine über dem Medizinball schließen. Rückbewegung.

Dasselbe, aber anschließend Medizinball beidhändig fassen, in die Hochhalte führen und Rückbewegung.

Medizinball liegt links neben dem linken Bein: Linkes Bein heben, Medizinball untendurch zwischen die gegrätschten Beine rollen, beidhändig aufnehmen und über das rechte Bein hinweg nach rechts heben. Gegengleich.

i) Im Stand

Medizinball beidhändig gefaßt: Hochwerfen und Fangen.

Dasselbe, aber vor dem Fangen Klatsch in die Hände.

Medizinball beidhändig gefaßt: Hochwerfen und Fangen, dann einmal um den Körper herumgeben.

Medizinball beidhändig gefaßt auf dem Rücken: Rumpfvorbeugen mit schwunghaftem Vorwerfen des Medizinballes über den Kopf.

Medizinball beidhändig gefaßt: Um den Körper herumreichen.

Dasselbe in Kniehöhe.

Medizinball um die Füße rollen.

Medizinball liegt beidhändig gefaßt auf dem Kopf: Hockstellung mit gleichzeitiger Hochhalte. Rückbewegung.

Medizinball in Vorhalte, beidhändig gefaßt: Hockstellung mit gleichzeitiger Hochhalte. Rückbewegung.

Medizinball beidhändig gefaßt in Hochhalte: Medizinball vor die Füße ablegen, ohne Medizinball Stand (4 Takte), dann Medizinball wieder aufnehmen und in die Hochhalte führen (4 Takte).

Medizinball beidhändig gefaßt: 1/1 Armkreise vor dem Körper ausführen.

Medizinball beidhändig gefaßt in Hochhalte: Schwingen vortief links am Körper vorbei nach hinten, Rückbewegung und gegengleich (in den Knien federn).

Dasselbe, aber mit der Rückbewegung leichtes Hochwerfen des Medizinballes.

Medizinball beidhändig gefaßt in Hochhalte: Achterschwingen vortief links am Körper vorbei und rückhoch in die Hochhalte. Gegengleich.

Medizinball liegt am Boden: Schlußsprung vorwärts über den Medizinball, 1/2 Drehung.

Schlußsprünge seitwärts über den Medizinball (zickzack).

Medizinball im Pferdchensprung überhüpfen.

Linker Fuß liegt locker auf dem Medizinball: Schrittwechselhüpfen.

j) In der Seitgrätschstellung

Medizinball um linken Fuß rollen. Gegengleich.

Medizinball in Achterkreisen um beide Beine rollen, dabei Gewichtverlagern.

Medizinball vor dem Körper mit Gewichtverlagern von links nach rechts rollen. Gegengleich.

Medizinball beidhändig gefaßt in Hochhalte: Rumpfseitbeugen links und rechts, mit/ohne Zwischenfedern.

Medizinball beidhändig gefaßt in Hochhalte: Rumpf vortief beugen und dabei den Medizinball durch die Beine rückschwingen. Rückbewegung.

Dasselbe, aber den Ball durch die Beine rückrollen.

Medizinball beidhändig gefaßt in Vorhalte: Gewichtverlagern nach links und gleichzeitiges Führen des Medizinballes nach rechts. Rückbewegung und gegengleich.

Gewichtverlagern nach links mit gleichzeitigem Führen des Medizinballes nach links. Rückbewegung und gegengleich.

Medizinball beidhändig gefaßt in Tiefhalte: Schwingen des Medizinballes nach links und rechts mit Gewichtverlagern.

Abb. 40

Abb. 41

Dasselbe mit leichtem Seithochwerfen des Medizinballes.

Medizinball beidhändig gefaßt in Hochhalte: Große Kreise mit dem Medizinball vor dem Körper ausführen.

C. Partnerübungen mit dem Medizinball

A Bauchlage, B Stand neben A, Medizinball beidhändig gefaßt: A ständiger Wechsel von Winkelliegestütz und Bauchlage, B Medizinball unter dem Körper von A hindurchrollen, auf die andere Seite von A laufen, Medizinball aufnehmen. Von vorn.

A Bauchlage, Medizinball beidhändig gefaßt in Hochhalte: B drückt die Füße von A fest auf den Boden. A: Medizinball und Oberkörper heben und senken.

A Bankstellung mit Hohlkreuz, Medizinball liegt von B leicht gehalten auf dem Rücken: Langsam Wirbel für Wirbel hoch durchdrücken. Rückbewegung (Katzenbuckel und Hohlkreuz).

A Rückenlage, Medizinball beidhändig gefaßt in Hochhalte, B drückt Füße von A fest auf den Boden: A aufrichten in den Sitz, Medizinball auf die Füße senken, langsame Rückbewegung.

A Rückenlage, Medizinball zwischen die Füße geklemmt, Arme hinter dem Kopf verschränkt: B drückt Ellenbogen von A fest auf den Boden. A Beine mit Medizinball gestreckt heben und senken.

A und B Strecksitz gegenüber, Füße aneinander: Medizinball um gestreckte Beine und Körper rollen.

A und B Strecksitz gegenüber, etwas versetzt, Beine liegen links vom Medizinball: Gleichzeitig Beine gestreckt sehr hoch über den Medizinball führen und rechts vom Medizinball senken.

A Strecksitz, Medizinball beidhändig gefaßt in Vorhalte, B Stand 2 bis 3 m hinter A: A Medizinball über den Kopf rückwerfen zu B. Wechseln.

A und B Grätschsitz gegenüber, Füße aneinander, Medizinball liegt zwischen den Beinen: Gemeinsam Beine heben, über dem Medizinball schließen, Rückbewegung, dann gemeinsam Medizinball fassen, leicht vom Boden abheben und senken.

A und B Grätschsitz gegenüber, Füße aneinander, A Medizinball beidhändig gefaßt: Medizinball-Übergabe zu B (1, 2, 3), drei schnelle Klatscher (1, 2, 3), Übernahme des Medizinballes von B (1, 2, 3), Hochhalte und Senken des Medizinballes (1, 2, 3). B Medizinball-Übernahme von A (1, 2, 3), Hochhalte und Senken (1, 2, 3), Übergabe des Medizinballes an A (1, 2, 3), drei schnelle Klatscher (1, 2, 3).

A und B Stand gegenüber: Medizinball zuwerfen und zurollen. A wirft, B rollt. Wechseln.

A Medizinball hochwerfen und fangen, dann zu B rollen.

A mit dem Medizinball 1/1 Umdrehung ausführen, dann zu B werfen.

A Medizinball zu B werfen und sofort 1/1 Umdrehung ausführen *(Abb. 40)*.

A und B Stand mit Abstand hintereinander: A wirft den Medizinball über den Kopf nach hinten zu B, beide 1/2 Drehung *(Abb. 41)*.

A und B Stand gegenüber mit größerem Abstand: A rollt den Medizinball zu B, B läßt den anrollenden Medizinball durch die rasch seitgegrätschten Beine rollen.

A rollt den Medizinball zu B, B überhüpft den anrollenden Medizinball.

A und B Stand Rücken an Rücken, Medizinball ist zwischen die Rücken geklemmt: A langsame Hockstellung und Stand ohne den Medizinball zu verlieren, dann B.

A und B Seitgrätschstand Rücken an Rücken, A Medizinball beidhändig gefaßt durch die Beine zu B reichen und in der Hochhalte wieder übernehmen.

A und B gleichzeitig nach links seitrück drehen, Medizinball von A zu B übergeben. Gegengleich.

A und B Stand hintereinander, großer Abstand: A Medizinball durch die gegrätschten Beine rückrollen zu B, beide ½ Drehung.

D. Spiele und Staffeln

Kreisaufstellung, Gesicht zur Kreismitte, zu zweien abzählen, alle Einser haben einen Medizinball. Gleichzeitig geben alle Einser den Medizinball zum links stehenden Zweier, diese geben ihn weiter zum links stehenden Einser usw.

Dasselbe mit Werfen.

Alle Einser haben einen Medizinball und werfen gleichzeitig zum links stehenden Einser, wenden sich schnell nach rechts und fangen den von dort kommenden Medizinball. Während des Wurfes führen alle Zweier Hockstellung und Stand aus, um nicht vom Medizinball getroffen zu werden. Wechseln.

Dasselbe, aber nach drei Würfen Übergabe des Balles an die Zweier nach links.

Zu dreien abzählen. Die Dreiergruppen stehen auf der Kreislinie. Im Kreis liegen drei bis zehn Medizinbälle. Der Spielführer ruft eine Zahl von eins bis drei. Alle Mitspielerinnen mit der aufgerufenen Nummer laufen im Uhrzeigersinn um den ganzen Kreis, dann durch das von ihrer Gruppe gebildete Tor in den Kreis und versuchen sich auf einen Medizinball zu setzen. Wer bekommt einen Platz?

Tigerball: Aufstellung im Kreis, Gesicht zur Kreismitte. In der Mitte steht der „Tiger“ und versucht den kreuz und quer gerollten Ball zu fangen. Wer den Medizinball vor dem Fangen gerollt hat, löst den „Tiger“ ab.

Erschwerung: Zwei Medizinbälle rollen oder zwei „Tiger“ und zwei Bälle sind im Spiel.

Zwei Mannschaften stehen sich gegenüber. Jede Spielerin hat einen Medizinball. Nach dem Anpfiff werfen alle so viele Medizinbälle wie möglich in das gegnerische Feld. Nach dem Schlußpfiff wird gezählt. Die Mannschaft mit den wenigsten Medizinbällen in ihrem Feld hat gewonnen.

Staffeln, Aufstellung hintereinander: Die Mannschaften geben den Medizinball über den Kopf nach hinten weiter bis zur letzten Turnerin. Diese läuft mit dem Medizinball vor usw.

Den Medizinball durch die gegrätschten Beine rückrollen.

Den Medizinball abwechselnd über den Kopf und durch die gegrätschten Beine rückgeben.

Den Medizinball links seitlich am Körper vorbei nach hinten geben. Dasselbe rechts.

Den Medizinball in Schlangenlinien abwechselnd links und rechts am Körper vorbei rückgeben.

Vor jeder Mannschaft steht eine Spielführerin, die allen der Reihe nach den Ball zuwirft. Wer zurückgeworfen hat, setzt sich. Welche Mannschaft ist zuerst fertig?

Die Mannschaften liegen in der Bauchlage nebeneinander. Die erste Spielerin rollt den Medizinball unter den Mitspielerinnen hindurch nach hinten, die alle schnell Winkelliegestütz ausführen. Die letzte übernimmt den Medizinball, und während sie damit vorläuft, liegen alle wieder in der Bauchlage usw.

Die Spielerinnen rollen oder tragen den Medizinball der Reihe nach um ein Mal (Reifen/Stuhl), übergeben der nächsten usw.

Den Medizinball zum Mal tragen oder rollen, dort ablegen, zurücklaufen, die nächste Spielerin abschlagen, die den Medizinball wieder holt usw.

Kegeln: Zehn Keulen aufstellen vor jeder Mannschaft. Der Reihe nach versucht jede Spielerin einmal mit dem Medizinball die Keulen umzurollen. Welche Mannschaft hat als erste alle Keulen umgestoßen?

3

Die Keulen vielfältig verwenden

Abb. 42

Abb. 43

Abb. 44

A. Aufwärmen

Laufen, Springen, Spielen, Tanzen

Keulen stehen in der ganzen Halle verteilt. Mit Musik durcheinanderlaufen; Keulen umkurven, Keulen umkreisen, überhüpfen.

Mit Musikende Bauchlage, Sitz, Hocke, Stand einnehmen oder Federn neben irgendeiner Keule, neben der eigenen Keule; oder vorgegebene/selbsterfundene Stellung einnehmen und vorgegebene /selbsterfundene Übung mit der Keule ausführen.

Wie kann ich das Gerät umkreisen?

Gehen, Hüpfen, Laufen, mit Kreuzschritten, ohne den Körper in eine andere Richtung zu drehen *(Abb. 42).*

Nachstellschritte, Seitgalopp, Kreuzschritte mit dem Gesicht zur Keule *(Abb. 43).*

Gehen in der Hocke, Hüpfen, auch auf einem Bein gehen oder laufen, auch rückwärts usw., mit linker oder rechter Schulter zur Keule.

Wie kann ich die Keule überwinden?

Übersteigen vor-, rück-, seitwärts, Überhüpfen vor-, seitwärts *(Abb. 44).*

Umkreisen und Überwinden kombinieren

Z. B. Stand neben der Keule, rechte Schulter zeigt zur Kreismitte, mit vier Schritten Halbkreis um die Keule gehen (4 Takte), Keule übersteigen seitwärts (4 Takte).

Keulen stehen auf der Kreislinie im Abstand von vier Schritten. Stand vor der Keule, rechte Schulter zeigt zur Kreismitte: Mit acht Schritten um die Keule gehen, acht Schritte zur übernächsten Keule.

Dasselbe mit Hüpfschritten und mit Laufschritten.

Acht Schritte um die Keule gehen, acht Hüpfschritte zur übernächsten Keule, dasselbe umgekehrt (erst hüpfen, dann gehen).

Keule übersteigen (4 Takte), vier Laufschritte zur nächsten Keule.

Acht Seitgaloppschritte um die Keule, acht Hüpfschritte zur übernächsten Keule. Dasselbe umgekehrt.

Stand vor der Keule, Gesicht zur Kreismitte:

Keule überhüpfen, ½ Drehung, vier Seitgaloppschritte zur nächsten Keule *(Abb. 45).*

Abb. 47

Abb. 45

Abb. 46

Zweimal Keule überhüpfen, ½ Drehung, acht Seitgalopp-schritte zur übernächsten Keule.

Acht Seitgaloppschritte um die Keule, acht Hüpfschritte zur übernächsten Keule, auch umgekehrt.

Drei Hüpfer auf dem linken Bein, einen Takt Pause, drei Hüpfer auf dem rechten Bein, einen Takt Pause, acht Seit-galoppschritte zur übernächsten Keule *(Abb. 46).*

Keulen stehen auf der Kreislinie im Abstand von zwei Schrit-ten. Stand vor der Keule, rechte Schulter zeigt zur Kreis-mitte:

Keule übersteigen und stehen (1+2 und 3+4); Keule über-hüpfen und stehen (1+2 und 3+4); in Kurven um alle Keulen laufen, nach links außen beginnen.

Alle bewegen sich synchron: Linke Hand nimmt die hinten stehende Keule auf und stellt sie vorn ab (4 Takte, *Abb. 47),* dasselbe mit der rechten Hand üben.

Mit Keulen von einem Hallenende zum anderen oder auf der Kreislinie gehen:

Keule auf der flachen Hand balancieren *(Abb. 48).*

Keule beidhändig gefaßt in Hochhalte: Keule seittiefschwin-gen und nachfedern (2 Takte), in die Hochhalte führen (2 Takte) und gegengleich *(Abb. 49).*

Keule rechts hochwerfen, links fangen und gegengleich *(Abb. 49).*

Keule beidhändig am Kopf fassen: Tiefgebückt rückwärts-gehen, Keule am Boden hinterherziehen *(Abb. 50).*

Abb. 48

Abb. 49

Abb. 50

Abb. 51

Abb. 52

Keule rechts am Bauch fassen: Keule zweimal hochstoßen, dabei hochstrecken und in den Ballenstand heben, gegengleich *(Abb. 51).*

Keule beidhändig quergefaßt in Vorhalte: Acht Seitgaloppschritte, beim achten Schritt ½ Drehung mit schneller Hochhalte der Keule. Dasselbe mit schneller Tiefhalte.

Keule rechts gefaßt in Seithalte: Seitgalopp nach links, bei jedem zweiten Seitgaloppschritt 1/1 Armkreis rechts, nach unten beginnend *(Abb. 52),* auch gegengleich.

Dasselbe, jedoch bei jedem Seitgaloppschritt einen Armkreis.

Im Dreierschritt vorwärts, Keule rechts gefaßt neben dem Körper vor- und rückschwingen, dabei

- Keule ständig vor dem Körper übergeben,
- Keule hinter dem Körper übergeben,
- Keule vor und hinter dem Körper übergeben.

Im Dreierschritt vorwärts, Keule rechts gefaßt, beide Arme in Hochhalte: Bei jedem Schritt 1/1 Armkreis und Übergabe der Keule in Hochhalte. Armkreis vortief oder rücktief beginnen.

Keule rechts gefaßt in Hochhalte, zwei Dreierschritte mit zwei Armkreisen (vortief beginnen), dann Hockstellung und zwei Schläge auf den Boden. Beim Aufrichten Keule links übergeben, auch gegengleich *(Abb. 53).*

Keule rechts in Vorhalte fassen: Beim Dreierschritt die Keule mit 1/1 Umdrehung hochwerfen, links fangen und gegengleich.

Abb. 53

Abb. 54

Abb. 56

Abb. 57

Abb. 58

Keule beidhändig quergefaßt in Hochhalte: Zwei Nachstellschritte links, dabei Rumpfseitbeugen links und gegengleich *(Abb. 54)*.

B. Gymnastik mit einer Keule

a) In der Bauchlage

Keule steht vor uns, Hände auf den Keulenkopf stützen; Oberkörper hoch aufrichten, dabei Arme strecken, Oberkörper senken.

Keule beidhändig querfassen: In die Seitlage rollen und Keule über die angezogenen Beine senken. Gegengleich *(Abb. 55)*.

Keule rechts am Bauch fassen, Beine grätschen: Schlag mit der Keule vor dem Körper auf den Boden, Halbkreis mit der Keule nach hinten ausführen und Schlag mit der Keule links vom Körper auf den Boden. Dreimal, dann Wechsel der Keule in die linke Hand und gegengleich *(Abb. 56)*.

Abb. 55

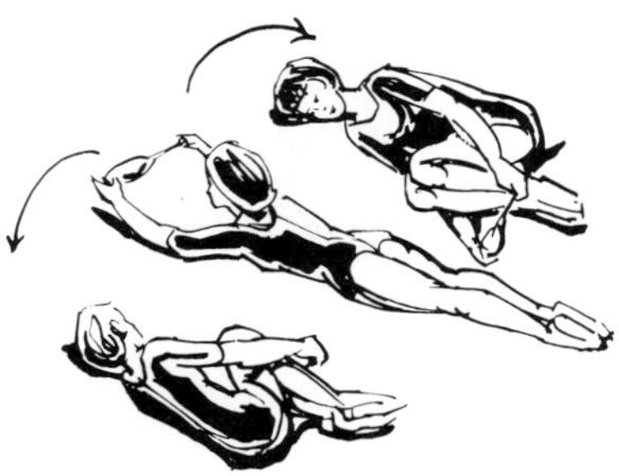

Keule steht neben den gestreckten Armen: Oberkörper und beide Arme heben, Arme auf die andere Keulenseite legen.

Keule steht neben dem Körper: Auf Hände und Füße stützen, Körper heben und auf die andere Keulenseite legen *(Abb. 57)*.

Keule rechts am Kopf fassen, Arme in Seithalte: Zwei kleine Kreise aus dem Handgelenk, nach vorn beginnen, dann Übergabe der Keule vor dem Körper nach links. Gegengleich.

Keule beidhändig quergefaßt in Hochhalte: Keule hinter den Kopf heben (Kopf dabei gesenkt halten), Arme wieder in die Hochhalte führen, Keulenfassung links lösen, Oberkörper aufrichten, die Arme rückführen und Übergabe der Keule von rechts nach links. Arme gestreckt in Hochhalte führen und Keule beidhändig fassen. Gegengleich.

Keule beidhändig quergefaßt in Hochhalte:

Keule hinter den Kopf in den Nacken führen, Oberkörper heben und senken, Arme wieder in Hochhalte führen, Keulenfassung links lösen, die Arme rückführen und Übergabe der Keule von rechts nach links. Arme in Hochhalte führen und Keule beidhändig fassen. Gegengleich.

b) Im Sitz

Schneidersitz, Keule rechts gefaßt in Hochhalte: Keule auf dem Rücken rücktief in die linke Hand übergeben. Gegengleich *(Abb. 58)*.

Abb. 59

Abb. 60

Strecksitz, Keule rechts am Kopf fassen, Arme in Seithalte: Rechtes Bein heben, Keule untendurch nach links geben. Gegengleich *(Abb. 59).*

Keule unter beiden gehobenen Beinen durchgeben *(Abb. 59).*

Grätschsitz, Keule steht in Kniehöhe zwischen den Beinen, Hände hinten aufstützen: Beine über der Keule schließen, Grätschsitz, dann auf Hände und Füße stützen. Körper heben und senken, linke Hand zum rechten Fuß führen, wieder aufstützen, rechte Hand zum linken Fuß führen, wieder aufstützen. Von vorn *(Abb. 60).*

Strecksitz, Keule steht in Kniehöhe neben dem linken Bein: Linkes Bein gestreckt über die Keule nach links heben, rechtes dasselbe. Beide Beine gestreckt über die Keule zurück nach rechts führen.

– Beide Beine gleichzeitig gestreckt über die Keule nach links führen, Keule beidhändig gefaßt nach links stellen.

– Linkes Bein anhocken, vor der Keule vorbei nach links führen und gestreckt links von der Keule ablegen, rechtes Bein ebenso nach links. Dann beide Beine gleichzeitig auf dieselbe Weise zurück nach rechts führen.

– Beide Beine gleichzeitig anhocken, vor der Keule vorbei nach links führen, strecken und links neben die Keule legen. Keule links neben die Beine stellen.

– Linkes Bein gestreckt über die Keule nach links heben und dort neben die Keule legen, rechtes ebenso nach links. Beide Beine gleichzeitig anhocken, vor der Keule vorbei nach rechts führen, strecken und rechts neben der Keule ablegen.

– Linkes Bein anhocken, vor der Keule vorbei nach links führen, strecken und links neben die Keule legen, rechtes Bein ebenso nach links. Beide Beine gleichzeitig gestreckt über die Keule nach rechts heben und rechts neben der Keule ablegen.

c) Im Kniesitz und Kniestand

Hochwerfen der Keule steigern, dabei Aufrichten bis in den Stand, dann wieder kleiner werden bis in den Kniesitz.

Keule auf dem Rücken halten, rechte Hand faßt von oben den Keulenkopf, linke von unten das Keulenende: Keule gleichzeitig rückdrücken, dabei Kopf hoch, Brust raus.

Keule quer in Hochhalte: Kopf langsam vor- und rücksenken, mit der Keule leichte Gegenbewegung ausführen.

Abb. 61

Abb. 62

Keule quergefaßt auf dem Rücken halten: Kopf der Turnerin vor die Knie auf den Boden senken, Becken heben und gleichzeitig die Keule rückhochführen, mit den Armen nachfedern. Rückbewegung. Übung sehr langsam ausführen.

Rechtes Bein im Kniestand seitstellen, linke Hand in Kniehöhe links aufstützen (nicht zu nah am Körper), Keule rechts am Kopf fassen: Großen Armkreis mit der Keule beschreiben *(Abb. 61)*.

Beine grätschen, Keule beidhändig quer gefaßt in Hochhalte: Rumpfbeugen seitwärts *(Abb. 62)*.

Keule rechts in Seithalte: Links neben die Beine setzen, Beine strecken und in den Schwebesitz führen. Übergabe der Keule unter den Beinen von rechts nach links. Beine anziehen, links neben den Körper legen, Aufrichten in den Kniestand. Gegengleich.

Keule beidhändig gefaßt in Hochhalte: Links neben die Beine setzen, gleichzeitig Keulenfassung links lösen. Beine strecken und in den Schwebesitz führen. Übergabe der Keule unter den Beinen von rechts nach links. Beine anziehen, links neben den Körper legen, Aufrichten in den Kniestand und Übergabe der Keule in Hochhalte nach rechts. Von vorn beginnen.

d) In der Rückenlage

Keule beidhändig am Kopf in Hochhalte fassen (Arme am Boden): Mit Schwung Aufrichten in den Strecksitz, Keule zwischen die Füße klemmen, Senken in die Rückenlage, gleichzeitig Beine heben, bis die Füße hinter dem Kopf den Boden berühren. Dort Übergabe der Keule in die Hände. Beine rückführen. Übung beginnt von vorn *(Abb. 63)*.

Abb. 63

Keule quergefaßt in Vorhalte: Beine abwechselnd hochspreizen bis zur Keule.

Keule quergefaßt in Vorhalte: Beine zwischen Armen und Keule durchhocken und langsam strecken und senken. Rückbewegung.

Beine anziehen, Füße aufstellen, Keule rechts fassen: Bekken heben, Keule untendurch nach links geben. Becken senken, beide Arme in Hochhalte führen (hinter den Kopf), Übergabe der Keule von links nach rechts *(Abb. 64)*.

Keule rechts fassen, Arme in Tiefhalte: Rechten Arm langsam heben und senken, dann schnell in den Schwebesitz aufrichten und Keule vor dem Körper von rechts nach links übergeben. Senken in die Rückenlage. Gegengleich.

Abb. 64

Variante: Übergabe der Keule in der Hochhalte oder unter den gestreckten Beinen.

Keule beidhändig quergefaßt in Hochhalte (Arme am Boden): Beine anhocken, gleichzeitig Keule über die angehockten Beine senken. Rückbewegung und sofort über die Bauchlage in die Rückenlage rollen (also 1/1 Drehung seitwärts, *Abb. 65).*

e) Im Stand

Grätschstand, Keule rechts am Bauch fassen: In die Hocke senken und Schlag mit dem Keulenkopf auf den Boden, Aufrichten und Schlag mit dem Keulenkopf auf die in Seithalte geführte linke Hand, dabei Gewichtsverlagern nach links. Dreimal ausführen, dann Wechsel der Keule in die linke Hand *(Abb. 66).*

Keule rechts am Kopf fassen: Achterschwünge ausführen
- über dem Kopf und vor dem Körper,
- an der linken und an der rechten Körperseite. Gegengleich.

Keule rechts in Hochhalte: Keule langsam auf den Nacken senken und gleichzeitig den Kopf vortief senken. Rückbewegung und sofort 1/1 Armkreis (nach hinten beginnend) ausführen. Übergabe der Keule nach links.

Keule beidhändig querfassen: Keule fallen lassen und dicht über dem Boden abfangen.

Keule liegt quer auf den flachen Händen: Das dicke Ende der Keule zweimal leicht hochwerfen und fangen, dann Keule mit beiden Händen hochwerfen, dabei dem Keulenbauch etwas mehr Schwung geben, damit die Keule ½ Umdrehung macht. Fangen, der Keulenkopf liegt nun in der anderen Hand (insgesamt 4 Takte). Wer kann der Keule so viel Schwung geben, daß sie 1/1 Umdrehung macht?

Grätschstand, Keule rechts in Seithalte: Keule nach links schwingen, nach rechts, dann 1/1 Armkreis (nach links beginnen), Übergabe der Keule nach links. Auf Gewichtsverlagern achten! Gegengleich.

C. Gymnastik mit zwei Keulen

a) In der Bauchlage

Arme in Seithalte: Rechts und links gleichzeitig zwei kleine Kreise (nach vorn beginnend) aus dem Handgelenk mit den Keulen ausführen, dann Keulen vorführen und gegeneinanderschlagen (ein langsamer Schlag oder zwei schnelle Schläge).

b) Im Sitz

Strecksitz, beide Keulen stehen rechts und links neben den Beinen: Beine über die Keulen in den Grätschsitz führen. Rückbewegung.

- Beine anhocken, vor den Keulen vorbeiführen und Strekken in den Grätschsitz. Rückbewegung.
- Beine anhocken, vor den Keulen vorbeiführen und strekken in den Grätschsitz. Beine über die Keulen gestreckt in den Strecksitz führen.

Abb. 65

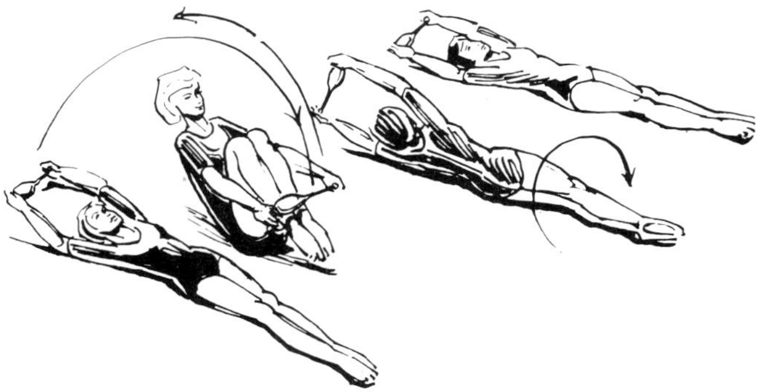

Abb. 66

– Linkes Bein anhocken, vor der linken Keule nach links führen, Strecken und Senken, rechtes Bein gegengleich. Beide Beine gleichzeitig anhocken, in den Strecksitz zurückführen und sofort beide Beine gestreckt über die Keulen in den Grätschsitz. Erst linkes Bein, dann rechtes Bein angehockt vor den Keulen vorbei in den Strecksitz, beide Beine angehockt vor den Keulen vorbei in den Grätschsitz und sofort beide Beine gestreckt über die Keulen hinweg in den Strecksitz führen. Von vorn.

Strecksitz, Keulen rechts und links gefaßt in Seithalte: Rechtes Bein heben, Keulen unter dem Bein gegeneinanderschlagen, Arme seitführen, Bein senken. Gegengleich. Gleichzeitig beide Beine heben und Keulen unter den Beinen gegeneinanderschlagen, Beine senken, Keulen seitführen.

Grätschsitz, Keulen rechts und links gefaßt in Hochhalte: Oberkörper vorbeugen, dabei mit rechter Keule links vom linken Bein Schlag auf den Boden, gleichzeitig linke Keule seit- und rücksenken. Rückbewegung und Keulen in Hochhalte einmal gegeneinanderschlagen. Gegengleich.

c) Im Kniesitz

Keulen rechts und links gefaßt neben dem Körper auf den Boden schlagen, dann im Kniestand die Keulen in der Hochhalte gegeneinander *(Abb. 67).*

d) Im Stand

Beide Keulen mit gestreckten Armen in der Seithalte rechts halten: Keulen waagerecht nach links schwingen, dabei in der Mitte (vor dem Körper) mit den Keulen einen kleinen Kreis beschreiben.

Achterschwünge ausführen, dabei die Keulen parallel führen: Über dem Kopf und vor dem Körper *(Abb. 68),* an der rechten und linken Körperseite vorbei. Achterschwünge ausführen, gleichzeitig gegengleich aus der Seithalte rechts und links beginnend: Über dem Kopf und vor dem Körper, an der rechten und linken Körperseite.

Linke Keule in Vor-, rechte in Hochhalte: Mit der rechten Keule Achterschwünge links an Keule und Körper vorbei, dann rechts.

Vorwärtsgehen, Keulen rechts und links in Tiefhalte: Vier Gehschritte, dann Stand, Keulen in Hochhalte führen und dreimal gegeneinanderschlagen, Arme senken.

Vier Gehschritte, dann Hockstellung mit Hochführen der Arme, Keulen zweimal gegeneinanderschlagen, Stand und Arme senken.

D. Partnerübungen mit einer Keule

A Bauchlage, Keule beidhändig quergefaßt, Kopf bleibt zwischen den Armen: B hebt die A-Keule beidhändig an, bis der Oberkörper der Partnerin aufgerichtet ist, langsam senken.

A Rückenlage, B steht am Fußende von A, Keule beidhändig quergefaßt, Arme gesenkt. A hebt die gestreckten Beine und legt beide Füße auf die B-Keule: Becken heben und senken *(Abb. 69).*

Abb. 67

Abb. 68

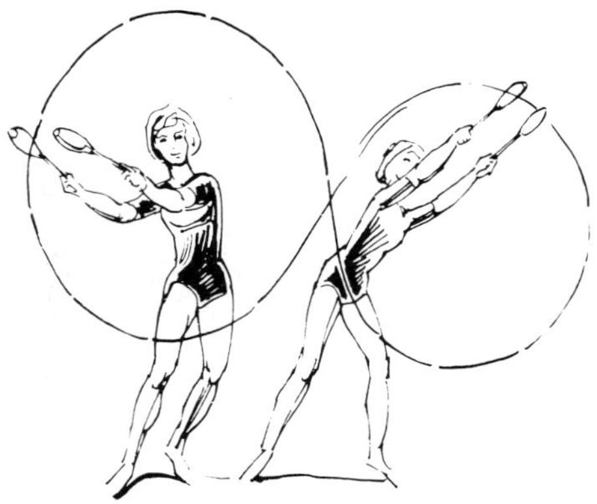

Abb. 69

Abb. 70

Abb. 71

Abb. 72

A und B sitzen sich im Grätschsitz gegenüber, Keule beidhändig quergefaßt: Wechselseitiges Ziehen der Partnerin in die Rumpfvorbeuge *(Abb. 70)*.

A entweder im Stand, Sitz oder in der Bauchlage, Keule beidhändig quergefaßt auf dem Rücken: B faßt die A-Keule und hebt die Arme des Partners vorsichtig rückhoch (leicht federn, *Abb. 71)*.

A und B stehen sich gegenüber (zwei Schritte Abstand), A hält die Keule beidhändig quergefaßt: B Rumpfbeugen vorwärts mit geradem Rücken (rechtwinklig zu den Beinen), Hände auf die A-Keule stützen und mit dem Rücken federn.

Im Grätschstand Rücken an Rücken: Übergabe der Keule zur Partnerin beidhändig über dem Kopf mit gestreckten Armen und durch die gegrätschten Beine *(Abb. 72)*.

Keule steht am Boden, Strecksitz gegenüber, Beine rechts von der Keule: Linkes Bein anhocken, vor der Keule vorbei nach links führen, strecken und senken. Rechtes Bein dasselbe. Beide Beine anhocken, vor der Keule nach rechts führen, Strecksitz *(Abb. 73)*.

Keule steht am Boden, Strecksitz gegenüber, Beine rechts von der Keule: Linkes Bein gestreckt über die Keule nach links führen, senken, rechtes Bein dasselbe. Beide Beine gestreckt über die Keule nach rechts führen. Strecksitz.

Gegenüberstellung, Keule beidhändig quergefaßt: Seitgalopp *(Abb. 74)*.

Stand Rücken an Rücken, Keule hinten beidhändig quergefaßt: Seitgalopp.

Abb. 73

Abb. 74

A Keule quergefaßt auf dem Rücken. B hängt sich mit beiden Händen an und läßt sich ziehen *(Abb. 74).*

Stand Rücken an Rücken, Keule beidhändig hinten quergefaßt: Gleichzeitig kleinen Ausfallschritt links vorwärts, dreimal Vorfedern (dabei Arme rückhochführen), Stand und gegengleich *(Abb. 75).*

Gegenüberstellung, A Stand, B Hocke, Keule beidhändig quergefaßt: Nachstellschritte seitwärts. Wechseln.

A Hocke, Keule links in Vorhalte: Führen in die Hochhalte, Übergabe der Keule nach rechts, Vorhalte usw. B Stand vor der A-Keule: Jeweils bei A-Vorhalte Keule überhüpfen bei A-Hochhalte ½ Drehung zur Keule ausführen.

A Hocke, Keule in Vorhalte. B unter der A-Keule durchkriechen, aufstehen und Keule überhüpfen. Wechsel *(Abb. 76).*

A und B Stand gegenüber, A Hocke, B Stand, Keule steht neben A: A dreimaliges Hüpfen, unterstützt von B, dann Sprung mit angehockten Beinen über die Keule. Wechseln.

E. Partnerübungen mit zwei Keulen

Stand nebeneinander, Keulen rechts gefaßt in Tiefhalte: Vier Schritte gehen, zueinanderdrehen und zweimal langsam oder dreimal schnell die Keulen gegeneinanderschlagen, Übergabe der Keule nach links.

Stand nebeneinander, Keulen rechts gefaßt in Tiefhalte: Acht Schritte gehen, zueinanderdrehen, 1/1 Armkreis rückwärts (rückhoch beginnend) ausführen, Schlag der Keulen

Abb. 77

gegeneinander, Wechsel der Keule nach links, 1/1 Armkreis rückwärts (rückhoch beginnend) ausführen, Schlag der Keulen gegeneinander, Wechsel der Keule nach rechts. Von vorn *(Abb. 77).*

Stand nebeneinander, Keulen rechts gefaßt in Tiefhalte: Acht Schritte gehen, zueinanderdrehen. A Keule quergefaßt in Hochhalte, B 1/1 Armkreis rückwärts (rückhoch beginnend) ausführen, Schlag gegen die A-Keule, Wechsel der Keule in die linke Hand. Dasselbe wie rechts ausführen, dann A und B Keulen rechts gefaßt in Tiefhalte. Von vorn, aber mit vertauschten Rollen.

Grätschsitz, Rücken an Rücken, Keulen rechts am Kopf gefaßt, beide Arme in Hochhalte: Rumpfvorbeugen und zwei Schläge mit der Keule links vom linken Bein auf den Boden

Abb. 75

Abb. 76

Abb. 78

Abb. 79

Abb. 80

ausführen. Aufrichten und Übernahme der Partnerkeule in die linke Hand. Gegengleich *(Abb. 78).*

Stand, Rücken an Rücken, A hält die Keule beidhändig gesenkt quergefaßt, B hat die Keule links gesenkt am Bauch gefaßt: Gleichzeitig heben beide die Keulen in Hochhalte, wobei B sich nach hinten wendet und gegen die Partnerkeule schlägt. Keulen senken und B Wechsel der Keule nach rechts. Dasselbe wie vorher. Dann Rollentausch *(Abb. 79).*

Stand gegenüber, Keulen rechts am Bauch gefaßt: Übernahme der Partnerkeule in die linke Hand, Übergabe in eigene rechte Hand. Von vorn. Schnell ausführen.

A Stand, Keule mit einer Hand oder beiden Händen in Vorhalte. B Grätschstand neben dem ausgestreckten Arm der Partnerin, Keule beidhändig quergefaßt in Hochhalte: B geht über die tiefe Hocke mit Senken der Keule bis dicht über dem Boden unter der Partnerkeule hinweg auf die andere Seite, Stand, Keule in Hochhalte *(Abb. 80).* Übung dreimal ausführen, dann Wechsel.

A hält die Keule beidhändig quergefaßt in Hochhalte, B steht gegenüber, Keule rechts am Bauch gefaßt: B dreimal drei schnelle Schläge gegen die Partnerkeule mit jeweils einem Schlag Pause hinterher, noch einen Schlag gegen die Partnerkeule mit drei Schlägen Pause hinterher (1, 2, 3, –, 1, 2, 3, –, 1, 2, 3–, 1, –, –, –,), dann acht Hüpfschritte um die Partnerin herum, Wechsel.

Keulen stehen im Abstand von zwei Schritten nebeneinander, A und B stehen sich gegenüber hinter ihrer Keule: Keule überhüpfen, ½ Drehung, zwei Nachstellschritte zur Partnerkeule. Gegengleich.

A und B stehen zu Paaren auf der Kreislinie gegenüber (A steht im Außen-, B im Innenkreis), zwei Schritte Abstand, gehen einen großen Schritt nach rechts, stehen also auf Lücke. Keule rechts in Tiefhalte: Mit zwei Dreierschritten auf den eigenen Partner zugehen, dabei 1/1 Armkreis rückwärts (rückhoch beginnend) und Keulen gegeneinanderschlagen. Zwei Dreierschritte rückwärts gehen mit Wechsel der Keule hinter dem Rücken. Übung gegengleich ausführen mit dem linken Partner *(Abb. 81).*

F. Drei turnen mit Keulen

A Schneidersitz, Keulen rechts und links in Seithalte: B und C überhüpfen gleichzeitig die Keulen *(Abb. 82).*

A Schneidersitz, Keulen rechts und links in Seithalte. B und C stehen vor den Armen von A: Überhüpfen der Keulen, ½ Drehung und unter den Keulen durchkriechen, ½ Drehung, von vorn *(Abb. 82).*

– B steht vor dem rechten Arm von A, C steht hinter dem linken Arm von A: Überhüpfen der Keule, B läuft hinter A vorbei zum linken Arm, C läuft vor A vorbei zum rechten Arm, unter den Keulen durchkriechen. Stand. Nun wieder überhüpfen usw.

– B steht vor dem rechten Arm von A, C steht hinter dem linken Arm von A: Überhüpfen der Keulen, ½ Drehung, zwei Nachstellschritte zum anderen Arm (4 Takte), nun wieder überhüpfen usw.

– Wie vorher, jedoch führt A gleichzeitig folgende Übung aus:

Abb. 82

Abb. 83

Arme in Seithalte (2 Takte, B und C Überhüpfen), Hochhalte und Schlag der Keulen gegeneinander, Rumpfbeugen vorwärts und Schlag der Keulen auf den Boden (2 Takte, B und C zwei Nachstellschritte). Nun kommt wieder Seithalte usw.

A, B, C stehen nebeneinander, Keulen beidhändig gefaßt in Hochhalte:

A ¼ Drehung zu B und C ausführen, Keulenfassung rechts lösen. Langsamer Dreiertakt: Vor B und C vorbeigehen, mit der Keule Schlag gegen B-Keule (1. Takt), Schlag gegen C-Keule ausführen (2. Takt, *Abb. 83),* Aufstellen neben C, Keule beidhändig gefaßt in Hochhalte (3. Takt). B dasselbe, anschließend C dasselbe. Von vorn.

A, B, C stehen nebeneinander im Grätschstand, Übung gleichzeitig ausführen im Vierertakt, Keulen rechts gefaßt.

A: Schlag gegen B-Keule (1), Wechsel der Keule nach links (2), Hocke und Schlag auf den Boden (3), Wechsel der Keule nach rechts (4). Von vorn.

B: Schlag gegen A-Keule (1), Wechsel der Keule nach links (2), Schlag gegen C-Keule (3), Wechsel der Keule nach rechts (4). Von vorn.

Abb. 81

Abb. 84

C: Schlag auf den Boden in der Hocke (1), Wechsel der Keule nach links (2), Schlag gegen B-Keule (3), Wechsel der Keule nach rechts (4). Von vorn.

Rollentausch *(Abb. 84).*

G. Kanons, Spiele, Tanz

Sitzkanon

Vier Gruppen im Strecksitz, Keule beidhändig quergefaßt in Hochhalte: Zweimal Keule links vom Körper auf den Boden tippen, zweimal rechts vom Körper (4 Takte).

Keule hochwerfen und fangen (4 Takte).

Beine gestreckt heben, Keule links gefaßt untendurch in die rechte Hand geben und sofort wieder beidhändig querfassen (4 Takte). Rumpfbeugen vorwärts, Aufrichten und Keule in Hochhalte führen (4 Takte, *Abb. 85).*

Steh- und Gehkanon (Walzertakt)

Drei Gruppen, Hockstellung, Keule beidhändig querfassen: Viermal drei schnelle Schläge mit der Keule auf den Boden; im Stand zweimal langsam Keule hochwerfen und fangen; Keule rechts gefaßt in Seithalte, zwei Nachstellschritte links, dabei 1/1 Armkreis (nach unten beginnend) und Übergabe der Keule nach links. Gegengleich ausführen, dann sofort mit Keule beidhändig quergefaßt in die Hockstellung gehen.

Spiele mit Keulen

Keulenwächter: Kreisaufstellung, in der Mitte bewacht eine Turnerin fünf Keulen. Ein Ball oder zwei Bälle werden kreuz- und quergerollt. Wer die letzte Keule umwirft, wird Keulenwächter *(Abb. 86).*

Nummernwettlauf im Kreis: Dreierkreise auf der Kreislinie bilden und zu dreien abzählen. Im Kreis stehen 10 – 30 Keulen. Die Turnerinnen mit der aufgerufenen Zahl laufen im Uhrzeigersinn um den großen Kreis bis zu ihren Partnerinnen, schlüpfen durch das „Tor", das diese bilden, in den Kreis und versuchen die meisten Keulen zu ergattern und den Partnerinnen zu bringen *(Abb. 87).*

Keulensammeln: Keulen gleichmäßig im Raum verteilt aufstellen, zur Musik um alle Keulen gehen, laufen oder hüpfen. Mit Musikende Keulen sammeln, wer schafft die meisten?

Keulentanz: Klapptanz

(Schallplatte: Caligverlag 17704, 8000 München 19).

Aufstellung zu Paaren auf der Kreislinie, zueinander drehen, Abstand zwischen den Paaren 3 m.

```
      A
      B
A B       B A
      B
      A
```

A Keule rechts gefaßt in Tiefhalte,
B beidhändig quergefaßt in Hochhalte.

1–12 A: Armkreis rechts rückwärts und Schlag gegen die B-Keule, Wechsel der Keule nach links, Übung wie vorher, Wechsel der Keule nach rechts, Übung wie vorher, dann auf die Takte

Abb. 85

13–16 Keule beidhändig in Hochhalte fassen, B Keule rechts tieffassen.

17–28 B: siehe 1–12.

29–32 Keulen hinter A und B abstellen, in der Keulengasse beidhändig gefaßt zum Seitgalopp aufstellen.

33–40 Acht Seitgaloppschritte im Uhrzeigersinn durch die Keulengasse.

41–44 Vier Seitgaloppschritte zurück, Handfassung lösen.

45–48 B bleibt stehen, während A vier weitere Seitgaloppschritte bis vor die eigene Keule macht (alle stehen nun einem neuen Partner gegenüber).

49–60 Mit zwölf Hüpfschritten die Keule umkreisen.

61–64 Keule aufnehmen und Aufstellung wie zu Beginn.

Der Tanz beginnt von vorn, insgesamt drei Durchgänge mit neuen Partnern.

Abb. 86

Abb. 87

4

Gymnastik, Spiele und Partnerübungen mit dem Stab

Abb. 88

Abb. 89

A. Aufwärmen

Von einem Hallenende zum anderen – Auf der Kreislinie – Kreuz und quer mit Übungen im Gehen, Laufen und Hüpfen

Stab senkrecht auf der flachen Hand balancieren, vor- und rückwärts gehen, zwischendurch Sitz oder Bauchlage ausführen *(Abb. 88).*

Stab wie Spazierstock benutzen: Acht Schritte gehen, dann acht Hüpfschritte um den Stab herum, Griffwechsel.

Vier Schritte gehen, einen Ausfallschritt mit Vortiefsenken des Stabes bis dicht über den Boden. Rückbewegung und Griffwechsel.

Stab links gefaßt, vier Schritte gehen. Stand: Linkes Bein gestreckt über den kurz losgelassenen Stab nach rechts spreizen, rechtes Bein dasselbe mit sofortigem Griffwechsel *(Abb. 89).*

Stab beidhändig am oberen Ende gefaßt: Weit vorgebeugt das untere Stabende am Boden entlangschieben *(Abb. 89).*

Tiefgebeugt rückwärts gehen, Stab beidhändig gefaßt hinterherziehen.

Stab links am Ende gefaßt, Arm angewinkelt, Stab zeigt nach oben: Vorwärtsgehen, bei jedem Schritt Stab hochstoßen.

Stab links hochstoßen, gleichzeitig rechtes Bein rückspreizen, Schritt rechts vor, gleichzeitig Stabübergabe vor dem Körper nach rechts *(Abb. 90).*

Stab links in der Mitte gefaßt: Vier Schritte gehen, dabei Stab vorhochwerfen, rechts fangen.

Dasselbe im schnellen Laufschritt, dabei Stab weit vorhochwerfen.

Stab links in der Mitte gefaßt in Seithalte, rechter Arm Seithalte: Vorwärtsgehen, bei jedem zweiten Schritt Stabübergabe vor dem Körper.

Dasselbe mit Nachstellschritten seit: Bei jedem Seitstellen Übergabe des Stabes vor dem Körper und in der Hochhalte.

Stab links am Ende gefaßt, senkrecht hochhalten, lockere Vorhalte: Vorwärtsgehen, bei jedem Schritt Griffwechsel.

Dasselbe mit leichtem Werfen.

Stab liegt quer vor den Füßen: Mit den Händen vor- und rückrollen.

Abb. 90

Abb. 91

Abb. 92

Abb. 93

Abb. 94

Mit den Füßen vorwärts rollen.

Stab beidhändig quergefaßt mit Rist- oder Kammgriff: Im Vorwärtslaufen Stab schräg vorhoch werfen und fangen.

Dasselbe im Dreierschritt: Hochwerfen (1, 2, 3) und Fangen (1, 2, 3).

Stab außen von unten gefaßt: Vier Schritte gehen, dabei erst links, dann rechts die Stabenden hochwerfen und fangen.

Dasselbe, anschließend Stand: Stab links stark hochwerfen, damit er ½ Umdrehung macht, rechts loslassen und linkes Stabende übernehmen *(Abb. 91).*

Stab liegt auf dem Nacken, die Stabenden von unten gefaßt, linker Arm gestreckt: Vier Schritte gehen, nach dem vierten Schritt sofort rechten Arm strecken. Gegengleich *(Abb. 92).*

Vier Nachstellschritte links vorwärts, sofort rechten Arm strecken. Gegengleich.

Dasselbe mit Rumpfvordrehen links, so daß das linke Stabende in die Laufrichtung zeigt. Gegengleich *(Abb. 93).*

Vier Seitgaloppschritte links, linker Arm gestreckt, beim vierten Schritt ½ Drehung und Strecken des rechten Armes.

Stab schulterbreit gefaßt, quer in lockerer Vorhalte, mit Rist- oder Kammgriff: Gehen, bei jedem Schritt Griffwechsel.

Stab schulterbreit von oben gefaßt: Vier Schritte gehen mit viermaligem Griffwechsel von Rist- und Kammgriff, dann im Stand Hockstellung mit Hochhalte des Stabes, Stand und Stab senken (4 Takte).

Vier Schritte gehen mit viermaligem Griffwechsel, Stand, Stab in Hochhalte dreimal rückfedern und tiefsenken (4 Takte).

Stab beidhändig an den beiden Enden von oben gefaßt, Tiefhalte: Acht Schritte gehen, dabei den Stab über die Hochhalte mit gestreckten Armen rücktief führen; acht Schritte gehen mit Rückbewegung des Stabes *(Abb. 94).*

Acht Schritte gehen, dabei Stab „um den Körper winden": Links vorhoch über den Kopf in die Rücktiefhalte, rechts rückhoch über den Kopf in Vortiefhalte *(Abb. 95).*

Stab schulterbreit beidhändig von oben gefaßt: Vier Schritte gehen, Stand mit Loslassen des Stabes und Fangen dicht über dem Boden.

Stab beidhändig quer gefaßt, Hochhalte: Vier Schritte ge-

Abb. 95

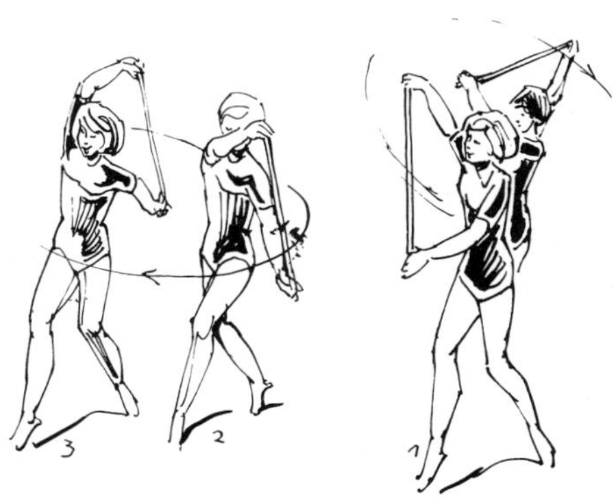

hen, Stand, Stab in Tiefhalte übersteigen (4 Takte), vier Schritte gehen mit Rücktiefhalte; Stand, Stab rückwärts übersteigen und erneut in die Hochhalte führen *(Abb. 96).*

Stab in Tiefhalte übersteigen (4 Takte), vier Schritte gehen mit Rücktiefhalte, mit dem vierten Schritt ½ Drehung, Stab rückwärts übersteigen, vier Schritte rückwärts gehen mit Vortiefhalte, mit dem vierten Schritt ½ Drehung.

Vier Schritte gehen mit Stabhochhalte, Stab übersteigen (4 Takte), im Stand Rumpfvorbeugen mit zweimal Rückhochfedern des Stabes (4 Takte), Stab rückwärts übersteigen und in die Hochhalte führen.

Stab quer beidhändig gefaßt hinter dem Rücken, Tiefhalte: Vier Schritte gehen, dann im Stand Vorbeugen mit zweimal Rückhochfedern des Stabes (4 Takte).

Stab quer beidhändig schulterbreit gefaßt: In Tiefhalte vier Schritte gehen, in der Hockstellung mit Stabhochhalte vier Schritte gehen.

Stab quer beidhändig schulterbreit gefaßt in Hochhalte: Zwei Nachstellschritte links, dabei Rumpfseitbeugen links mit zweimal Nachfedern. Gegengleich.

Dasselbe, anschließend vier Schritte gehen mit Stabvortiefhalte.

Stab in Hochhalte: Zwei Schritte gehen mit zweimal Rückfedern des Stabes (linker Fuß beginnt), dann zwei Nachstellschritte links mit zweimal Seittieffedern des Stabes links. Gegengleich.

Stab in Hochhalte: Einen Schritt links mit Stabtiefhalte, einen Schritt rechts mit Stabhochhalte, zwei Nachstellschritte links mit Rumpfseitbeugen links und zweimal Federn. Gegengleich.

Stab in Hochhalte: Vier Schritte gehen, einen Ausfallschritt mit Zwischenfedern und Stabvorhalte (4 Takte).

Stab in Hochhalte: Zwei Schritte gehen mit zweimal Rückfedern des Stabes, zwei Schritte gehen und Stab mit ¼ Drehung des Stabes vortief und links am Körper vorbeiführen, zweimal rücktief federn. Gegengleich.

Stab in Vorhalte: Dreierschritte ausführen, dabei mit dem Stab Achterschwünge machen, nach unten links beginnen.

Stab in Vorhalte: Seitgalopp, bei jedem vierten Schritt Schlußsprung und Hochhalte.

Stab in Vorhalte: Seitgalopp, bei jedem vierten Schritt ½ Drehung mit schneller, kurzer Hochhalte des Stabes.

Dasselbe, mit schneller, kurzer Tiefhalte des Stabes.

Übungsfolge: Vier Schritte gehen, dabei Stab quer beidhändig schulterbreit von unten gefaßt tragen, vier Schritte gehen mit einmal Hochwerfen und Fangen des Stabes, vier Schritte gehen mit Tragen des Stabes, vier Schritte gehen mit Ablegen des Stabes und Schlußsprung über den Stab. 16 Hüpfschritte in Kurven um die Stäbe und Aufstellung hinter einem neuen Stab. Von vorn.

Stab steht senkrecht auf dem Boden, am oberen Ende links gefaßt: Acht Hüpfschritte um den Stab, vier Schritte vorwärts gehen, Stab wie Spazierstock benutzen, vier Schritte gehen mit Ablegen des Stabes und Aufstellung vor der Längsseite des Stabes rechts, Schlußsprung über den Stab mit Zwischenfedern, Nachstellschritt links, Schlußsprung rückwärts über den Stab mit Zwischenfedern, Nachstellschritt

Abb. 96

Abb. 97

Abb. 98

Abb. 99

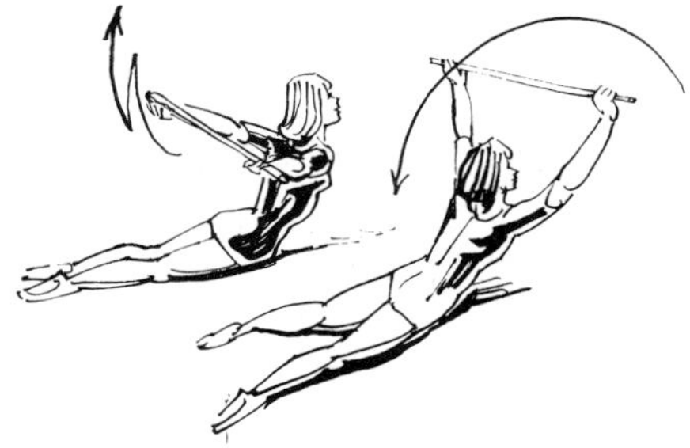

Abb. 100

rechts *(Abb. 97)*, vier Takte zum Aufnehmen des Stabes zum Spazierstock, vier Schritte vorwärts gehen. Von vorn.

B. Gymnastik mit dem Stab

a) In der Bauchlage

Stab steht senkrecht vor dem Körper, mit den Händen am Stab hochklettern, bis Oberkörper aufgerichtet ist und Arme gestreckt sind. Rückbewegung *(Abb. 98)*.

Stab liegt quer vor dem Körper auf dem Boden: Stab beidhändig vor- und rückrollen mit Aufrichten des Oberkörpers *(Abb. 99)*.

Stab an den Enden beidhändig fassen: Stab mit gestreckten Armen auf den Rücken führen, dabei Oberkörper aufrichten und zweimal rückhoch federn (8 Takte), langsames Rückführen des Stabes in die Ausgangsstellung (8 Takte, *Abb. 100)*.

Stab mit angewinkelten Armen auf den Nacken und dann am Rücken entlang bis in die Rücktiefhalte führen, Rückbewegung.

Beine seitgegrätscht, Stab links an einem Ende gefaßt, rechter Unterarm aufgestützt: Mit dem Stabende weit vorn auftippen, Stab hochrück führen und rechts vom Körper auftippen. Übung dreimal ausführen, dann Wechsel nach rechts (sprich: Tiptip-tiptip-tiptip-wech-sel, *Abb. 101)*.

Mit dem Stab großen Kreis nach vorn und rechts über den Körper hinweg nach links ausführen.

Stab quer beidhändig schulterbreit gefaßt: Stab heben mit Aufrichten des Oberkörpers und senken, dabei Beine grätschen und schließen *(Abb. 102)*.

Abb. 101

Abb. 102

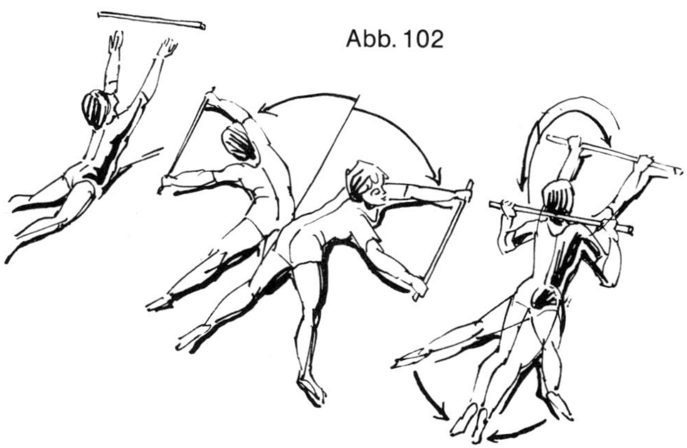

Abb. 103

Abb. 104

Oder bei Grätschstellung Beine schließen und grätschen, dabei Stab auf den Nacken führen, Oberkörper aufrichten und senken, Stabhochhalte.

Beine gegrätscht: Rumpfseitbeugen nach links und rechts mit und ohne Zwischenfedern *(Abb. 102)*.

Stab quer schulterbreit beidhändig von unten gefaßt: Stab hochwerfen und fangen.

b) Im Kniesitz

Stab liegt quer vor dem Körper am Boden: Stab weit vor- und rückrollen.

Dasselbe, anschließend Stab beidhändig fassen und im Kniestand in die Hochhalte führen, Kniesitz und Stab ablegen.

Stab links an einem Ende gefaßt in Seithalte, das andere Stabende liegt am Boden: Großen Kreis um den Körper herum malen mit Stabübergabe vor und hinter dem Körper *(Abb. 103)*.

Halbkreis vor dem Körper malen mit Stabübergabe in Armvorhalte.

Mit dem Stabende links auf den Boden tippen, dann im Kniestand in der Hochhalte nach rechts übergeben, Stab rechts seitsenken und Kniesitz. Gegengleich.

Stab links an einem Ende gefaßt, Arm angewinkelt, Stab zeigt nach oben: Kniestand mit Stabübergabe in Hochhalte nach rechts, Senken und gegengleich *(Abb. 104)*.

Dasselbe mit leichtem Hochwerfen des Stabes *(Abb. 104)*.

Stab an den Enden beidhändig fassen, Hochhalte: Oberkörper vortief senken bis Stab den Boden berührt, Rückbewegung und Stab hinter den Rücken in die Tiefhalte führen, Rückbewegung.

Oberkörper vortief senken bis Stab den Boden berührt, Aufrichten in den Kniestand, dabei Stabhochhalte, fließend weiter in den Kniesitz mit Rücktiefführen des Stabes bis zum Boden (Oberkörper rückbeugen), Rückbewegung *(Abb. 105)*.

Stabtiefhalte: Stab über die Hochhalte in die Rücktiefhalte führen. Rückbewegung.

Dasselbe, aber bei Stabhochhalte Kniestand.

Abb. 105

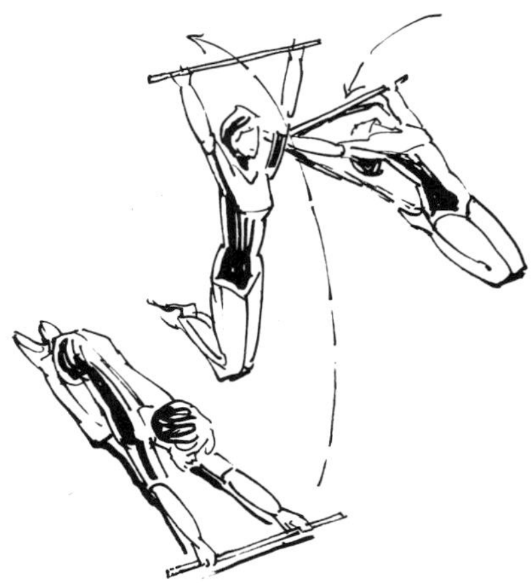

Abb. 106

Abb. 107

Abb. 108

Stab quer schulterbreit beidhändig gefaßt in lockerer Hochhalte: Kopf langsam vorbeugen und hochnehmen, Rückbeugen mit leicht geöffnetem Mund und wieder hoch. Evtl. mit dem Stab leichter Gegendruck.

Stab Rist- oder Kammgriff: Hochwerfen, dabei Aufrichten in den Kniestand, Fangen und Kniesitz *(Abb. 106).*

Stab in Tiefhalte: Am Körper entlang in die Hochhalte, im großen Bogen über die Vor- in die Tiefhalte führen.

Dasselbe, dabei großen Bogen beschreiben, also Oberkörpereinsatz und Aufrichten in den Kniestand.

Stab quer beidhändig gefaßt auf dem Rücken in Tiefhalte, Rist- oder Kammgriff: Oberkörper vortief senken bis zum Boden, gleichzeitig Heben des Beckens (Kniestand) und Rückhochfedern des Stabes. Rückbewegung.

Stab steht senkrecht zwischen den Oberschenkeln, beidhändig oben gefaßt: Ohne Beinkraft, nur mit den Armen am Stab hochziehen.

Übungsfolge: Stab links an einem Ende gefaßt, Arm angewinkelt, Stab zeigt nach oben: Dreimal Stabhochhalte und Senken, beim vierten Mal Stab hochwerfen und rechts fangen im Kniestand, Kniesitz und Stab weit rechts vom Körper auf den Boden tippen, Stabübergabe nach links in Hochhalte, weit links vom Körper auf den Boden tippen, Stabübergabe nach rechts in Hochhalte, Arm anwinkeln und von vorn gegengleich *(Abb. 107).*

Abb. 109

c) Im Kniestand

Stab quer schulterbreit beidhändig gefaßt in Vorhalte: Sitz links neben die Beine und Führen des Stabes nach rechts. Rückbewegung und gegengleich *(Abb. 108).*

Dasselbe aus der Hochhalte.

Stab in Vorhalte: Ganzen Körper steif rückbeugen.

Stab links an einem Ende gefaßt, linkes Bein gestreckt seitstellen, rechte Hand rechts mit Abstand vom Körper in Fußhöhe aufstützen, Becken vorschieben und Kopf locker rückfallen lassen: Mit dem Stab große Kreise um den Körper auf den Boden malen, dabei Armkreise ausführen. Richtungswechsel *(Abb. 109).*

Stab quer schulterbreit beidhändig gefaßt, linkes Bein angewinkelt vorgestellt, Stab in Hochhalte: Stab vortief senken

Abb. 110

mit Sitz auf der rechten Ferse, Rückbewegung, dann rechtes Knie durchstrecken und mit Stab zweimal Rückfedern.

Kniegrätschstand, Stab beidhändig gefaßt in Hochhalte: Rumpfseitbeugen mit und ohne Zwischenfedern.

d) In der Rückenlage

Stab links an einem Ende gefaßt, Seittiefhalte: Arm und Stab steif etwas vom Boden abheben und senken, schnell Schwebesitz mit Stabübergabe nach rechts in Vor- oder Hochhalte, Rückenlage und Stab senken.

Stab mit beiden Händen an einem Ende gefaßt in Hochhalte: Gleichzeitig Beine heben und grätschen und Stab über die Vor- in die Vortiefhalte führen.

Beine seitgegrätscht und stark angewinkelt, Stab quer beidhändig an den Enden gefaßt und über die Beine bis an die Füße senken: Becken heben und senken.

Stab quer schulterbreit beidhändig gefaßt in Hochhalte: Kopf heben und gleichzeitig Stab an den Nacken führen. Rückbewegung *(Abb. 110).*

Stab in Vortiefhalte, stark zu den Füßen hin schieben und gleichzeitig Füße vorhoch anspannen, bis die Fersen vom Boden abheben. Spannung kurze Zeit beibehalten, Rückbewegung.

Die beiden Übungen aneinandergehängt turnen.

Stab in Vorhalte: Beine abwechselnd an den Stab spreizen.

Beide Beine gestreckt bis an den Stab heben und senken.

Linkes Bein zwischen den Händen über den Stab hocken und gestreckt langsam senken. Rückbewegung.

Beide Beine durchhocken und gestreckt langsam senken. Rückbewegung.

Linkes Bein, dann rechtes Bein gestreckt zum Stab führen und senken, dann gleichzeitig beide Beine durchhocken und senken, Rückbewegung.

Linken Fuß zwischen den Händen gegen den Stab stemmen: Bein strecken und anwinkeln.

Stab in Hochhalte: Gleichzeitig Stab in die Vorhalte und Beine gestreckt an den Stab führen. Rückbewegung.

Dasselbe mit einem Bein.

Beine gestreckt heben und hinter dem Stab zum Boden senken. Rückbewegung.

Schnelles Aufrichten in den Schwebesitz, dabei Stab an die gestreckten Beine führen.

Dasselbe, anschließend sofort durchhocken, Beine strekken, rückwärts durchhocken, Rückenlage mit Hochhalte.

Schnelles Aufrichten in den Schwebesitz, Stab über die angehockten Beine führen. Rückbewegung.

Beine leicht seitgegrätscht: Aufrichten in den Sitz, Stab auf den Füßen ablegen, Beine heben, Stab bis in die Beuge rollen lassen, Stab aufnehmen und Rückenlage mit Hochhalte. Aufrichten in den Strecksitz. Rückbewegung.

Aufrichten in den Strecksitz, zweimal Vorfedern des Stabes auf die Füße, Rückenlage mit Hochhalte, gleichzeitig Beine

Abb. 111

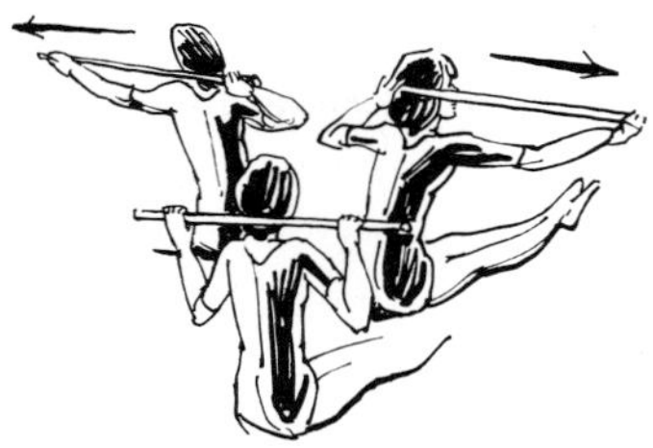

Abb. 112

gestreckt heben und hinter dem Kopf zweimal auf den Boden tippen. (Sprich: tiptip – legen, tiptip – setzen.)

e) Im Strecksitz

Stab quer schulterbreit beidhändig von unten gefaßt: Hochwerfen und fangen.

Stab liegt links neben dem Körper: Rumpfseitdrehen links, Stab beidhändig aufnehmen, mit Schwung Rumpfseitdrehen rechts und Stab kurz ablegen *(Abb. 111).*

Klatsch mit beiden Händen auf die Oberschenkel, dann Klatsch in der Hochhalte (4 Takte), Stab links aufnehmen und rechts ablegen (4 Takte). Gegengleich *(Abb. 111).*

Stab liegt links neben den Beinen: Linkes Bein anwinkeln und mit dem Fuß Tip links vom Stab, Rückbewegung, dann mit beiden Beinen dasselbe.

Zweimal linkes Bein anwinkeln, mit dem Fuß Tip links vom Stab und Rückbewegung, Stab aufnehmen und rechts ablegen.

Stab beidhändig an den Enden gefaßt in Hochhalte: Rumpfseitdrehen nach links und rechts mit und ohne Zwischenfedern.

Gleichzeitig mit beiden Händen die Stabenden nach außen ziehen, als wollte man den Stab auseinanderreißen.

Stab am Rücken entlang bis in die tiefe Stabrückhalte führen, Hochhalte, Stab auf die Oberschenkel senken, Hochhalte.

Stab mit gestreckten Armen in die Rücktiefhalte führen, Hochhalte, Vortiefhalte ausführen und wieder Hochhalte.

Stab mit angewinkelten Armen bis auf die Schulterblätter senken: Abwechselnd linken und rechten Arm seitstrecken *(Abb. 112).*

Stab mit angewinkelten Armen bis auf die Schulterblätter senken: Rumpfseitdrehen links und rechts.

Stab quer schulterbreit beidhändig gefaßt in Vorhalte: Linkes Bein durchhocken und strecken, Rückbewegung, gegengleich *(Abb. 113).*

Dasselbe mit beiden Beinen *(Abb. 113).*

Beide Übungen aneinandergehängt turnen.

Beide Beine durchhocken, strecken und sofort Kerze ausführen. Rückbewegung *(Abb. 113).*

Stab in Hochhalte: Abwechselnd links und rechts den Stab hochschieben.

Dasselbe mit beiden Armen gleichzeitig.

Stab am Körper abwärts und an den Beinen entlang bis an die Zehen führen. Rückbewegung oder mit gestreckten Armen Aufrichten in den Strecksitz mit Hochhalte.

f) Im Seitgrätschsitz

Stab liegt quer auf den gegrätschten Beinen und rollt auf und ab durch wechselndes Heben und Senken des Beckens und der Beine.

Stab links an einem Ende gefaßt in Hochhalte: Rumpfdrehbeugen vor, Stab rechts vor dem rechten Bein auftippen. Rückbewegung und Stabübergabe nach rechts.

Abb. 113

g) Im Hocksitz

Stab liegt quer vor den Füßen am Boden: Mit linkem und rechtem Fuß abwechselnd auf der anderen Stabseite auftippen (Ferse oder Spitze).

Dasselbe mit beiden Füßen gleichzeitig.

Zweimal mit dem linken Fuß, dann mit dem rechten Fuß auftippen (8 Takte), dann zweimal mit beiden Füßen gleichzeitig (8 Takte).

Linker Fuß steht mit der Ferse auf der anderen Stabseite, rechter Fuß steht auf der Spitze: Schrittwechsel mit gleichzeitigem Wechsel von Spitze und Fersenstand.

Stab mit den Füßen vor- und rückrollen.

Stab liegt links neben den Beinen: Mit beiden Füßen gleichzeitig zweimal links vom Stab auftippen und Rückbewegung, dann Stab auf die andere Seite legen.

Hände hinter dem Körper aufstützen: Beide Füße gleichzeitig links vom Stab aufstellen, Gesäß heben und auf die linke Stabseite setzen. Stab wieder nach links legen.

Stab quer schulterbreit beidhändig gefaßt, linken Fuß gegen den Stab stemmen: Linkes Bein durchstrecken, dabei Rumpfvorbeugen. Rückbewegung. Gegengleich.

Dasselbe mit beiden Füßen gleichzeitig.

Dasselbe, aber Beine strecken in den Schwebesitz.

Beide Füße an den Stabenden gegen den Stab stemmen: Beine durchstrecken in den Schwebesitz.

Stab in Vorhalte: Linkes Bein durchhocken, mit Schwung auf den Rücken rollen und wieder setzen, Bein rückhocken. Gegengleich.

Dasselbe mit beiden Beinen gleichzeitig.

h) Im Schneidersitz

Stab steht senkrecht hinter dem Rücken am Boden, linke Hand das obere Ende, rechte Hand das untere Ende des Stabes gefaßt: Ganze Wirbelsäule gegen den Stab drücken und lockerlassen, im Wechsel.

Stab mit beiden Händen gleichzeitig und gleichmäßig rückdrücken.

Stab quer schulterbreit beidhändig gefaßt in Hochhalte: Abwechselnd links und rechts Stab leicht hochwerfen und fangen.

Langsames Rumpfvorbeugen mit geradem Rücken, Kopf bleibt zwischen den Armen, Arme bleiben in Hochhalte.

Rumpfvorbeugen bis der Stab den Boden berührt (runder Rücken).

Arme leicht anwinkeln: Stab hochstoßen und fangen.

Stab auf den Nacken senken: Kopfdrehen links und rechts, dabei an die Stabenden schauen.

Stab lockere Vorhalte, Rist- oder Kammgriff: Stab hochwerfen und fangen.

i) In der Hockstellung

Stab liegt am Boden: Am Stab entlang vor- und rückwärts gehen.

Am Stab entlanghüpfen, am anderen Ende ½ Drehung.

Dasselbe mit Strecksprüngen.

Hockstand rechts neben dem Stab, Arme in Hochhalte: Hände links vom Stab aufstützen und mit den Füßen sofort hinterherspringen. Hochhalte.

Stab steht senkrecht am Boden, am oberen Ende links gefaßt: Um den Stab gehen.

Vier Schritte um den Stab gehen, dann Stand und Hockstellung.

Stab quer schulterbreit beidhändig gefaßt in Vorhalte: Abwechselnd linkes und rechtes Bein vor- und wieder rückstellen.

j) Im Stand

Stab steht senkrecht am Boden. Beidhändig am oberen Ende gefaßt: Loslassen, schnell einmal herumdrehen und fassen.

Beidhändig am oberen Ende gefaßt, rückgehen bis der Körper gestreckt ist: Rumpftieffedern.

Beidhändig am oberen Ende gefaßt: Mit Nachstellschritten um den Stab gehen.

Beide Übungen kombinieren: Einen Nachstellschritt, dann zweimal Rumpftieffedern.

Stab links gefaßt: Vier Hüpfschritte um den Stab, dann Griff- und Richtungswechsel.

Stab links gefaßt neben dem Körper: Zwischen Stab und Körper durchwinden ohne die Fassung zu lösen.

Stab links gefaßt vor dem Körper: Beine abwechselnd gestreckt über den kurz losgelassenen Stab schwingen.

Stab links gefaßt links vor dem Körper: Stab nach rechts fallen lassen, gleichzeitig Ausfallschritt seitrechts und Fangen

Abb. 114

Abb. 115

des Stabes mit der rechten Hand dicht über dem Boden (Fassen von unten). Aufrichten und gegengleich.

Stab links am unteren Ende gefaßt, Stab zeigt nach oben, Arm angewinkelt: Viermal Stab hochstoßen und senken mit gleichzeitigem Rückspreizen des rechten Beines. Wechsel. Dreimal hochstoßen, beim vierten Mal hochwerfen und rechts fangen.

Stab senkrecht links in der Mitte gefaßt, beide Arme Seithalte: Beide Arme in die Vorhalte mit Stabübergabe nach rechts. Gegengleich.

Stab vorhoch werfen, rechts fangen, Seithalte.

Stab links dreimal leicht hochwerfen und fangen, dann Stabübergabe nach rechts in Hoch- oder Vorhalte.

Stab waagerecht links in der Mitte gefaßt, Seithalte: Mit dem Stab kreisen über die Seittief- in die Hochhalte (Stab dicht am Körper entlang) und mit gestrecktem Arm wieder in die Seithalte. Stab zeigt immer in dieselbe Richtung.

Mit dem Stab kreisen, in der Seittiefhalte beginnen: Vor-, Hoch-, Rück- und Seittiefhalte. Stab zeigt immer in dieselbe Richtung *(Abb. 114)*.

Stab quer schulterbreit beidhändig gefaßt in Tiefhalte: Kreisen vor dem Körper, Stab am Körper entlang in die Hochhalte und über die Vor- wieder in die Tiefhalte führen *(Abb. 115)*.

Dasselbe unter Einbeziehung des ganzen Körpers: Große Kreise ausführen.

Stab beidhändig von oben gefaßt: Stab loslassen und dicht über dem Boden auffangen.

Vor- und rückwärts über den Stab steigen.

Vorwärts über den Stab steigen, zweimal mit dem Stab rückhoch federn, dabei Rumpfvorbeugen, dann rückwärts über den Stab steigen, zweimal mit dem Stab in der Hochhalte federn.

Stab beidhändig außen gefaßt: Von der Tief- über die Hochin die Rücktiefhalte führen. Rückbewegung.

Stab quer schulterbreit beidhändig gefaßt in Vorhalte: Beine abwechselnd vorhoch spreizen zum Stab.

Achterschwünge ausführen, nach links tiefrück beginnen.

Lockere Vorhalte, Arme leicht angewinkelt: Ständiger schneller Wechsel von Rist- und Kammgriff.

Rist- oder Kammgriff: Stab hochwerfen und fangen, dabei ein- bis zweimal in die Hände klatschen.

Stab von unten gefaßt hochwerfen, dabei links mehr Schwung geben, damit Stab ½ oder 1/1 Umdrehung macht.

Stab senkrecht auf der flachen Hand balancieren, dabei Hockstellung, Kniesitz usw. ausführen.

Stab links an einem Ende gefaßt in Vorhalte: Große Achterschwünge rechts und links am Körper vorbei, nach rechts tiefrück beginnen.

Stab quer schulterbreit beidhändig gefaßt, Arme angewinkelt: Schlußsprünge, dabei abwechselnd Hochhalte und Rückbewegung, Vorhalte und Rückbewegung ausführen.

Dasselbe, aber mit der vierten Vorhalte Schlußsprung und ½ Drehung.

Stab abwechselnd links und rechts hochwerfen und fangen.

Stab Rist- oder Kammgriff, mit beiden Händen gleichzeitig hochwerfen und fangen.

Links hochwerfen, rechts hochwerfen, zweimal mit beiden Händen gleichzeitig hochwerfen und fangen.

Stab in Hochhalte: Vortiefbeugen mit Führen des Stabes links am Körper vorbei. Rückbewegung und gegengleich, dabei in den Knien federn.

Dasselbe, aber nach der Rückbewegung statt Hochhalte den Stab vorhoch werfen und fangen.

k) Im Seitgrätschstand

Stab links in der Mitte gefaßt waagerecht in Hochhalte, Stabenden zeigen seitwärts: Linkes Knie beugen und Stab weit links vom Körper auf den Boden stellen. Rückbewegung und gegengleich.

Stabenden zeigen nach vorn und hinten: Stab weit vorgebeugt vor dem Körper auf den Boden stellen. Rückbewegung und gegengleich.

Dasselbe mit Ausfallschritt.

Stab beidhändig gefaßt auf dem Rücken in Tiefhalte: Stab rückhoch federn.

Dasselbe mit Vortiefbeugen.

Stab auf dem Rücken in Tiefhalte an den beiden Enden gefaßt: Links loslassen, rechts über Seithalte in die Hochhalte führen, freies Stabende nach links senken, linke Hand übernimmt, rechts loslassen, über Seithalte in die Tiefhalte auf dem Rücken führen, dabei freies Ende nach rechts heben, rechte Hand übernimmt.

Stab quer schulterbreit beidhändig gefaßt in Tiefhalte: Stabschwingen nach links- und rechtsseit, dabei in den Knien federn und Gewichtsverlagern.

Schwingen nach links, nach rechts, dann einen ganzen Kreis nach unten links beginnen.

Stab rückhoch schwingen mit leichtem Rumpfrückbeugen.

Stab in Hochhalte: Rumpfseitbeugen links und rechts mit und ohne Zwischenfedern.

Langsames Senken in die Rumpfvorbeuge, Rücken durchfedern.

Langsames Senken in die Rumpfvorbeuge: In der Rumpfvorbeuge Rumpfdrehen links und rechts.

Rumpfseitdrehen nach rechts, dabei linkes Stabende nach rechts führen mit/ohne Zwischenfedern. Dasselbe mit kleinem Ausfallschritt des linken Fußes nach rechts.

l) Im Stand

Stab liegt am Boden: Mit geschlossenen Beinen zickzack über den Stab hüpfen mit und ohne Zwischenfedern, vor- oder rückwärts.

Dasselbe auf einem Bein.

In Schrittstellung über dem Stab stehen: Schrittwechselhüpfen am Ort oder am Stab entlang.

Mit geschlossenen Beinen vor- und rückwärts über den Stab hüpfen mit und ohne Zwischenfedern.

Stand am Stabende links neben dem Stab: „Storchengang", linkes Bein heben, rechts vom Stab aufstellen, rechtes Bein heben, links vom Stab aufstellen.

Auf dem Stab entlangbalancieren.

Stab mit den Füßen vor- und rückwärtsrollen.

Stand am Stabende links vor dem Stab: Sprung über den Stab mit Zwischenfedern, Nachstellschritt an das andere Stabende, Sprung rückwärts über den Stab mit Zwischenfedern, Nachstellschritt an das andere Stabende.

Sprung über den Stab und sofort rückwärts zurückspringen, Nachstellschritt an das andere Stabende.

Sprung über den Stab mit ½ Drehung, Nachstellschritt an das andere Stabende.

C. Spiele, Kanon, Tanz

Spiele mit Stäben

Kreisaufstellung, rechte Schulter zur Kreismitte, Stab steht senkrecht auf dem Boden, rechts gefaßt: Stab loslassen, nach links zum nächsten Stab laufen, fassen, bevor er umfällt *(Abb. 116)*.

Vier Hüpfschritte um den Stab, loslassen und nach links zum nächsten.

Stäbe sternförmig im Kreis legen, Aufstellung vor dem äußeren Ende: In Kurven um alle Stäbe laufen, nach links innen beginnen.

Aufstellung vor der Längsseite des Stabes: Mit linkem Bein Stab überhüpfen, rückwärts zurückhüpfen, beides mit Zwischenfedern, Laufen zum nächsten Stab.

Dasselbe mit beiden Beinen.

Stäbe längs in Kreisform aneinanderlegen, zum Kreis um den Stabkreis Handfassung: Dreimal Seitgalopp links herum, Schlußsprung, dann Schlußsprung in den Stabkreis mit Zwischenfedern, Schlußsprung rückwärts zurück mit Zwischenfedern. Oder einen Nachstellschritt, Schlußsprung in den Stabkreis und wieder hinaus, beides ohne Zwischenfedern.

Kanon in zwei Gruppen

Kreisaufstellung, Stab wie einen Spazierstock fassen: Acht Schritte gehen, acht Hüpfschritte um den Stab. Kreis 1 beginnt mit „Gehen", Kreis 2 mit „Hüpfen".

Kanon in vier Gruppenkreisen

1. Stab wie Spazierstock gefaßt: Acht Schritte gehen.
2. Acht Hüpfschritte um den Stab.
3. Stab liegt quer auf den Händen, zweimal Griffwechsel, dabei acht Schritte gehen (8 Takte).
4. Stab im Vorwärtslaufen einmal hochwerfen und fangen (8 Takte).

Kreisaufstellung

Zu zweien abzählen: Alle Einser Stäbe senkecht am Boden, beidhändig von oben gefaßt, großes Tor bilden. Alle Zweier laufen durch die Tore und um die Stäbe herum.

Alle Einser halten die Stäbe waagerecht in der Hockstellung, alle Zweier die Stäbe überhüpfen.

Stab-Tanz

Camptown Races, Tänze aus Far-West, CAL 17705, Calig-Verlag, 8000 München 19.

Offene Aufstellung, Stäbe liegen am Boden: 16 Schritte in Kurven um alle Stäbe gehen, Stab aufnehmen, quer von unten schulterbreit gefaßt, acht Schritte rückwärts, dann acht Schritte vorwärts gehen, 16 Schritte laufen mit viermal Stabhochwerfen, Stab senkrecht auf den Boden stellen, links am oberen Ende fassen, acht Hüpfschritte um den Stab herum, Griffwechsel, acht Hüpfschritte um den Stab herum. Der Tanz hat vier Durchgänge.

D. Partnerübungen mit einem Stab

a) Aufwärmen

A und B erfassen je ein Stabende, ein- oder beidhändig: Durcheinandergehen zur Musik, bei Musikende Hocksitz.

Dasselbe mit Stabhochhalte, unter den anderen Stäben hindurchgehen.

Dasselbe in der Stabtiefhalte; die anderen Stäbe übersteigen.

Frei gestalten: Hochhalte, Tiefhalte, Übersteigen, Untendurchgehen kombinieren.

Abb. 116

Von einem Hallenende zum anderen oder auf der Kreislinie

A und B stehen nebeneinander, Stab vor dem Körper quer mit den Außenhänden gefaßt in Tiefhalte: Acht Gehschritte, Stab vorhochführen, dabei unten durchwinden und wieder hinter den Stab gehen *(Abb. 117).*

Dasselbe im Laufschritt.

Acht Schritte gehen, Stab übersteigen und rückwärts rücksteigen.

Acht Schritte gehen, Stab übersteigen und wieder hinter den Stab gehen.

Dasselbe im Laufschritt.

A und B stehen sich gegenüber, Stab beidhändig schulterbreit gefaßt in Vorhalte: Seitgalopp. Vier Seitgaloppschritte, gemeinsam Hocke und Stand. Vier Seitgaloppschritte, Stab in Laufrichtung in Hochhalte führen mit gleichzeitiger 1/1 Umdrehung der Partner unter dem Stab *(Abb. 118).*

A Bauchlage, Stab quer schulterbreit oder an einem Ende beidhändig gefaßt: B zieht A entweder vor- oder rückwärtsgehend, gebückt oder aufrecht.

Dasselbe in der Rückenlage.

A und B stehen Rücken an Rücken gegenüber, Stab quer schulterbreit gefaßt: Seitgalopp *(Abb. 119).*

A hält den Stab quer beidhändig gefaßt auf dem Rücken in Rücktiefhalte, B steht hinter A, faßt den Stab beidhändig und läßt sich ziehen *(Abb. 120).*

Abb. 117

Abb. 118

A Stab in der Hockstellung waagerecht halten, B überhüpft alle Stäbe.

A und B stehen nebeneinander, Stab beidhändig schulterbreit gefaßt in Tiefhalte:

Acht Geh- oder Laufschritte. A Stand, Stab in Brusthöhe führen, B gebückt vier Schritte vorwärts, dann vier Schritte rückwärts unter dem Stab hindurch.

Acht Geh- oder Laufschritte, B gebückt unter dem Stab hindurch und zum nächsten Stab gehen oder laufen (8 Schritte, Kreisaufstellung).

Acht Geh- oder Laufschritte, B vier Schritte unter dem Stab hindurch, ½ Drehung, A Stab tiefsenken, B Stab überhüpfen, ½ Drehung.

Acht Schritte (Gehen oder Laufen), A Stab tiefsenken, B Stab überhüpfen, ½ Drehung, Stab überhüpfen, ½ Drehung.

Acht Geh- oder Laufschritte vorwärts, A Stab tiefsenken, B zweimal Stab überhüpfen und ½ Drehung *(Abb. 121).*

Acht Geh- oder Laufschritte, B Stab überhüpfen und zum nächsten Stab gehen oder laufen (8 Takte im Kreis).

Acht Geh- oder Laufschritte, A Stab tiefsenken, B Stab überhüpfen (4 Takte), A Stab in Brusthöhe, B vier Schritte rückwärts unter dem Stab hindurch.

A Stand, B Hocke: Sechs Schritte gehen, A geht in die Hokke, B in den Stand (2 Takte).

Acht Geh- oder Laufschritte, Stab ablegen, überhüpfen und außenherum wieder hinter den Stab gehen oder laufen. Stab aufnehmen (8 Takte).

Acht Geh- oder Laufschritte, Stab ablegen, überhüpfen,

Abb. 119

Abb. 120

Abb. 121

Zwischenfedern, rückwärts rückhüpfen mit Zwischenfedern, Stab aufnehmen (8 Takte).

Acht Geh- oder Laufschritte, Stab ablegen, überhüpfen und zum nächsten Stab gehen oder laufen, Stab aufnehmen (8 Takte).

Stäbe quer im Kreis legen, Abstand etwa vier Schritte

A und B stehen nebeneinander, Innenhandfassung, hinter dem äußeren Stabende: Gemeisam in Kurven um alle Stäbe laufen *(Abb. 122).*

A und B stehen nebeneinander hinter der Stablängsseite, Innenhandfassung: Gemeinsam alle Stäbe überhüpfen.

Abb. 122

Ohne Handfassung: A überhüpft den Stab ohne Zwischenfedern vor- und rückwärts (2 Takte), anschließend führt B dasselbe aus (2 Takte), Handfassung und vier Gehschritte oder acht schnelle Laufschritte (4 Takte) über den Stab hinweg zum nächsten Stab.

A überhüpft den Stab mit Zwischenfedern, B dasselbe (4 Takte), Handfassung und vier Gehschritte oder acht schnelle Laufschritte zum nächsten Stab (4 Takte).

A und B Gegenüberstand hinter der Stablängsseite, beide Hände gefaßt: Gleichzeitig drei Seitschlußsprünge über den Stab (zickzack), den dritten Sprung mit Zwischenfedern (4 Takte), drei Seitgaloppschritte, dann ein Schlußsprung bis vor den nächsten Stab.

Gleichzeitig drei Seitschlußsprünge über den Stab, Zwischenfedern, die in Laufrichtung zeigende Handfassung lösen, gleichzeitig ¼ Drehung und vier Schritte vorwärts zum nächsten Stab gehen.

Dasselbe, jedoch gegen die Laufrichtung zeigende Handfassung lösen, ¼ Drehung und vier Schritte rückwärts zum nächsten Stab gehen.

Stäbe längs im Kreis legen, Abstand etwa 4 Schritte

A und B stehen nebeneinander, außen vor der Längsseite des Stabes, Innenhandfassung: Drei Seitgaloppschritte zum nächsten Stab, Schlußsprung (4 Takte), gemeinsam mit Zwischenfedern vor- und rückwärts Überspringen des Stabes.

Drei Seitgaloppschritte zum nächsten Stab, Schlußsprung (4 Takte), mit Zwischenfedern über den Stab hüpfen (2 Takte), dreimal Seitgalopp in derselben Richtung weiter,

Abb. 123

Abb. 124

Abb. 125

Schlußsprung (4 Takte), rückwärts rückhüpfen über den Stab mit Zwischenfedern (2 Takte).

A und B Gegenüberstand, Stab liegt zwischen A und B, beide Hände gefaßt: Drei Seitgaloppschritte zum nächsten Stab, Schlußsprung (4 Takte), zweimal mit Zwischenfedern linksschultrig aneinander vorbei auf die andere Stabseite hüpfen (4 Takte).

b) Stabgymnastik in verschiedenen Ausgangsstellungen

Bauchlage

A und B in Bauchlage gegenüber, Stab steht senkrecht: Abwechselnd mit den Händen am Stab auf- und abklettern *(Abb. 123).*

Stab quer beidhändig schulterbreit oder längs beidhändig an einem Ende gefaßt: Stab gleichzeitig Heben mit Aufrichten des Oberkörpers und Senken *(Abb. 123).*

A Bauchlage, Stab schulterbreit quergefaßt, Kopf bleibt zwischen den Armen, B steht vor A, gleiche Stabfassung: Stab und Oberkörper von A heben und senken (A hilft nicht mit!).

A Stab auf dem Rücken beidhändig quergefaßt, B steht im Grätschstand über A: Federndes Rückhochführen des Stabes *(Abb. 124).*

A Stab beidhändig quergefaßt in Hochhalte, B drückt beide A-Füße auf den Boden: A Oberkörper Heben und Senken (Kopf zwischen den Armen halten).

A und B Bauchlage nebeneinander, Stab beidhändig quergefaßt: Abwechselndes, schwungvolles Aufrichten der Oberkörper und der Beine (Schaukeln, *Abb. 125).*

Kniesitz

A und B hintereinander, Stab auf der linken Seite an den Enden links gefaßt: Aufrichten in den Kniestand und Übergabe des Stabes in Hochhalte nach rechts *(Abb. 126).*

A und B gegenüber, A Stab links, B Stab rechts an den Enden gefaßt in Tiefhalte: Kniestand, Stabübergabe in Hochhalte auf die andere Seite.

A Stab auf dem Rücken quergefaßt in Tiefhalte: Oberkörper vortief senken und Arme rückhochführen, federn. B unterstützt die Übung am Stab.

A und B nebeneinander, Stab quer mit den Außenhänden gefaßt in Tiefhalte: Aufrichten in den Kniestand und Vorhochführen des Stabes, zweimal Nachfedern, langsam Senken *(Abb. 127).*

„Stabkreisen" a) Stab am Körper entlang in die Hochhalte (Kniestand), mit gestreckten Armen vortief senken *(Abb. 128).*

b) Stab links seithoch in die Hochhalte (Kniestand), rechts seittief senken.

a) und b) sind auch mit Beidhandfassung am Stab auszuführen.

A und B nebeneinander, Stab liegt quer am Boden: Stab vor- und rückrollen mit weitem Vorbeugen des Oberkörpers.

A Kniesitz, Stab links gefaßt in Tiefhalte (Stab waagerecht), B Stand vor der Längsseite des Stabes:

A Stab zwei Takte ruhighalten (B überhüpft), Aufrichten in den Kniestand, gleichzeitig Stab gleichmäßig heben bis in Kopfhöhe, halten (insgesamt 2 Takte, B geht rückwärts

Abb. 126

Abb. 127

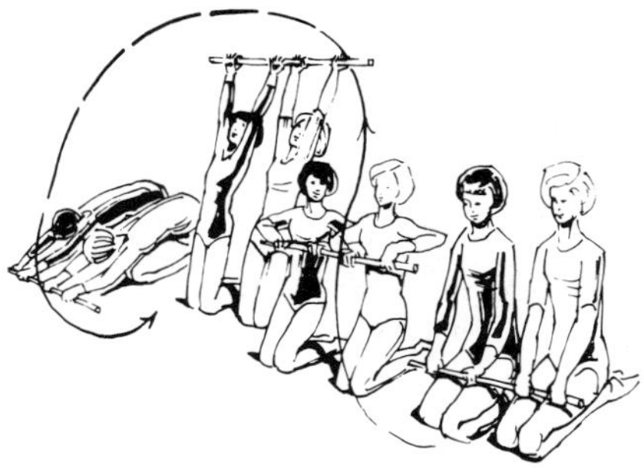

Abb. 128

unten durch), Stabübergabe in Hochhalte nach rechts, Kniesitz und Tiefhalte (4 Takte = B-Seitgalopp).

B (gleichzeitig) Stab im Pferdchensprung überhüpfen (2 Takte), gebückt rückwärts unter dem Stab hindurch auf die andere Seite gehen (2 Takte), drei Seitgaloppschritte auf die andere Seite von A, Schlußsprung (4 Takte). Gegengleich.

Kniestand gegenüber, Stab senkrecht dazwischen, Beidhandfassung in der oberen Hälfte: Sitz links neben den Beinen, Kniestand. Gegengleich.

Rückenlage

A Rückenlage, Beine angehockt, Stab beidhändig gefaßt in Vorhalte. B Hockstand gegenüber, Stab beidhändig gefaßt: Abwechselnd Rückenlage mit angehockten Beinen und Hockstand *(Abb. 129).*

A Stab in Hochhalte, B drückt Füße von A fest auf den Boden: Klappmesser, schnelles Aufrichten in den Strecksitz, Oberkörper und Stab vortief senken, langsames Senken in die Rückenlage.

B Stab beidhändig quergefaßt in Tiefhalte, A Rückenlage, Fersen auf den Stab legen: Becken Heben und Senken *(Abb. 130).*

A und B nebeneinander, Stab beidhändig quergefaßt in Vorhalte: Abwechselndes Hochspreizen des linken und rechten Beines bis zum Stab.

Beide Beine gestreckt heben bis zum Stab und langsames Senken

Beide Beine anhocken, zum Stab strecken und langsam senken.

Abb. 129

Abb. 130

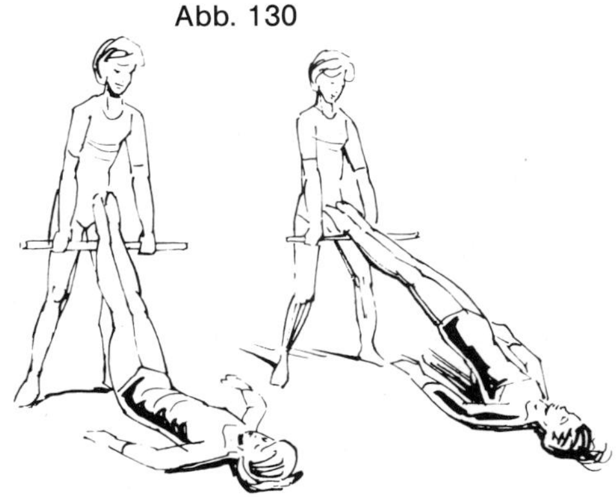

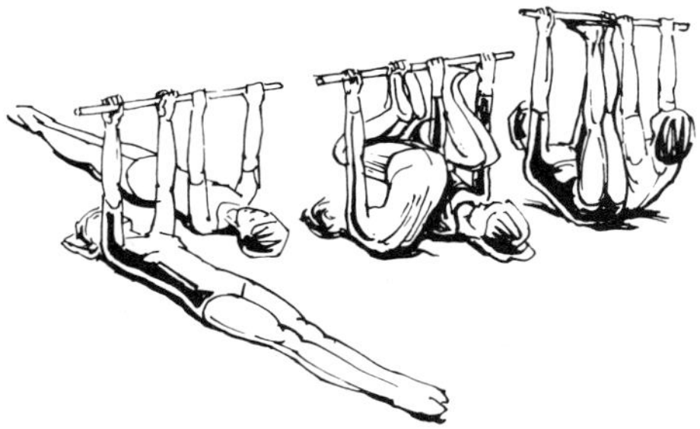

Abb. 131

Abb. 132

Abb. 133

Beine anhocken an den Stab, mit dem Stab strecken und Rückbewegung *(Abb. 131).*

Stab in Hochhalte: Gleichzeitig Stab und Beine gestreckt in die Vorhalte führen, beides langsam senken.

Stab in Vorhalte. Beine gestreckt zum Stab Heben und Senken, Beine Anhocken und Strecken.

Strecksitz

A Stab in Hochhalte beidhändig schulterbreit gefaßt, B Stand hinter A, Stab beidhändig mit Rist- oder Kammgriff ergreifen: B hebt den Stab an, bis der Rücken von A langgestreckt ist. A hängt schwer und entspannt am Stab *(Abb. 132).*

A erfaßt den Stab auf dem Rücken beidhändig und schulterbreit: Oberkörper vortiefsenken, Stab rückhochführen und leicht federn. B steht neben A und unterstützt die Übung am Stab *(Abb. 133).*

A und B nebeneinander, Stab quer beidhändig erfaßt in Tiefhalte: Stab mit gestreckten Armen in die Hochhalte führen, mit angewinkelten Armen in den Nacken und wieder zurück.

A und B Rücken an Rücken, Stab quer beidhändig gefaßt in Hochhalte: Abwechselndes Rumpfvorbeugen mit Ziehen des Partners auf den eigenen Rücken *(Abb. 134).*

A und B gegenüber, Stab längs, beidhändig je ein Stabende gefaßt: Abwechselnd Rückenlage und Sitz.

A und B gegenüber, A Stab beidhändig quergefaßt in Vorhalte, B Seittiefhalte.

A: Rückenlage mit Führen des Stabes in Hochhalte, Federn (2 Takte), Strecksitz und Stabübergabe an B (2 Takte), Seittiefhalte mit Klatsch gleichzeitig rechts und links auf den Boden, Hochhalte mit Klatsch (2 Takte), Stabübernahme von B (2 Takte). B beginnt mit Klatsch am Boden und in der Hochhalte (2 Takte), Stabübernahme von A (2 Takte), Rückenlage mit Federn in der Hochhalte (2 Takte), Strecksitz und Stabübergabe (2 Takte).

Hocksitz

A und B nebeneinander, Stab unter den Kniekehlen hindurch schulterbreit beidhändig gefaßt: Mit Schwung auf den Rücken rollen und wieder aufrichten.

Nur das linke Bein durchhocken, rechtes Bein gestreckt: Dreimal mit Schwung auf den Rücken rollen und Sitz, dann Bein wechseln.

Stab beidhändig querfassen, Füße gegen den Stab stemmen: Im Wechsel Streck- und Hocksitz.

A und B gegenüber, Stab längs, beidhändig an einem Ende erfassen: Kräftig ziehen. Wer ist stärker?

Stab beidhändig quergefaßt, Oberkörper rückbeugen und Arme strecken: Gleichzeitig Stand- und Hocksitz.

Stab senkrecht, kleine Schrittstellung, linken Fuß gegen den Stab stellen, Stab in der oberen Hälfte beidhändig gefaßt: Gleichzeitig Stand- und Hocksitz.

A und B versetzt gegenüber, Stab liegt längs zwischen A und B. Hände hinten aufstützen: Erst die Beine, dann das Gesäß auf die andere Stabseite schwingen (2 Takte), dann zwei Takte Pause. Dasselbe abwechselnd ausführen. A beginnt mit der Übung, B mit der Pause *(Abb. 135).*

A und B Stabende links fassen: Linkes Bein über den Stab

Abb. 134

Abb. 135

Abb. 136

führen und auf der anderen Stabseite auf den Boden tippen, Rückbewegung, beide Beine gleichzeitig über den Stab heben und mit beiden Füßen auf den Boden tippen, Rückbewegung.

Beide Beine gleichzeitig über den Stab führen und mit den Füßen auf den Boden tippen, Rückbewegung (2 Takte), anschließend zwei Takte Pause. Dasselbe abwechselnd ausführen: A beginnt mit der Übung, B mit der Pause.

Diese Übungen sind auch auszuführen in folgender Ausgangsposition:

A und B gegenüber (nicht versetzt), A Stab links, B Stab rechts gefaßt, zum Beispiel: A beide Beine über den Stab heben, mit den Füßen auftippen, Rückbewegung, anschließend B dieselbe Übung, dann Stab aufnehmen, in Hochhalte übergeben und auf der anderen Seite ablegen (4 Takte).

Abb. 137

Seitgrätschsitz

A und B gegenüber, Füße gegeneinander, Stab beidhändig quergefaßt: Abwechselndes, federndes Ziehen der Partnerin in das Rumpfvorbeugen *(Abb. 136)*.

Stab quer beidhändig in der Mitte erfassen, Beine anwinkeln, Füße außen gegen den Stab stemmen und vorhochführen, bis die Beine gestreckt sind. Senken.

Stab steht senkrecht zwischen den Beinen von A und B, Stab beidhändig unten fassen: Abwechselnd mit den Händen am Stab hochklettern.

A Stab beidhändig quergefaßt in Vorhalte, B Seittiefhalte.

A: Stab in Hochhalte führen, dann in Vorhalte an B übergeben (2 Takte), Seittiefhalte mit gleichzeitigem Klatsch rechts und links neben dem Körper am Boden, Stabübernahme in Vorhalte (2 Takte). B: Klatsch neben dem Körper am Boden, Stabübernahme in Vorhalte, Stabhochhalte, Stabübergabe an A in Vorhalte *(Abb. 137)*.

Hockstellung

Stab steht senkrecht am Boden, A und B Stabfassung rechts am oberen Ende des Stabes: Vier Schritte um den Stab gehen, dann gemeinsam Stand und Hocke.

A und B gegenüber, A Hocke, B Stand, Stab am oberen Ende beidhändig gefaßt: Abwechselnd Hocke mit Zwischenfedern und Stand.

Abb. 138

Abb. 139

Abb. 140

A Stand neben dem Stab, Stab links am oberen Ende gefaßt, B Hocke. B: Achterkreis um A und Stab gehen *(Abb. 138).*

A Hocke, Stab in der Mitte links gefaßt, B Stand, Stab oben rechts gefaßt. A: Sechs Schritte um den Stab gehen, dann Stellung und Handwechsel mit B (2 Takte, *Abb. 139).* B: Sechs Hüpfschritte in entgegengesetzter Richtung um Stab und A, dann Stellung und Handwechsel mit A.

Stab liegt auf dem Boden, A und B versetzt gegenüber, rechte Schulter neben dem Stabende: Mit vier Schritten rechtsschultrig aneinander vorbei, am anderen Stabende Strecksprung mit ½ Drehung über den Stab.

A und B nebeneinander vor der Längsseite des Stabes: Stab beidhändig aufnehmen, Stand mit Hochhalte, Senken des Stabes auf den Nacken, Hochhalte, Hocke mit Ablegen des Stabes (8 Takte), Strecksprung mit ½ Drehung über den Stab, Hocke (8 Takte).

A Stab beidhändig waagerecht an einem Ende gefaßt in Vorhalte, B Stand vor dem Stab: Stab im Pferdchensprung überhüpfen (4 Takte), um A herumgehen (8 Takte).

Unter dem Stab durchkriechen (8 Takte), acht Laufschritte um die Partnerin.

A und B hintereinander, Stab links gefaßt in Tiefhalte: Vier Schritte gehen oder vier Hüpfschritte, Stand mit Übergabe des Stabes in der Hochhalte nach rechts.

A und B versetzt gegenüber, Stab schulterbreit beidhändig quergefaßt in Hochhalte: Im Kreis gehen oder hüpfen *(Abb. 140).*

A und B gegenüber, Stab beidhändig quergefaßt in Vorhalte: Linkes, dann rechtes Bein seitstellen mit Nachfedern.

Linkes, dann rechtes Bein schräg vorstellen mit Nachfedern *(Abb. 141).*

Abb. 141

A und B gegenüber, leichte Grätschstellung, Stab beidhändig quergefaßt, Arme gestreckt, Oberkörper etwas rückgebeugt: Im Kreis herumhüpfen.

Stand

A Stab in der Hocke beidhändig an einem Ende gefaßt, waagerecht, B Stand neben dem Stab: Zickzacksprünge über den Stab.

Stab steht senkrecht am Boden, A und B linke Hand auf den Stab stützen: Acht Hüpfschritte um den Stab, dann Richtungs- und Handwechsel.

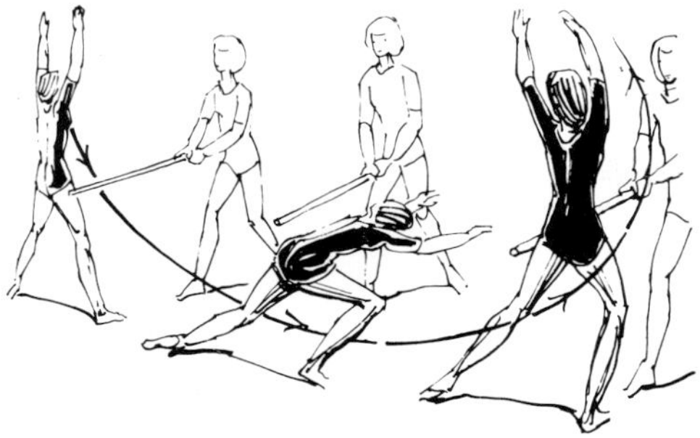

Abb. 142

A und B gegenüber, beide Hände auf den Stab stützen: Abwechselnd einmal Hocke mit Zwischenfedern und Stand, dann zweimal Hocke und Stand ohne Zwischenfedern.

Stand gegenüber, Abstand drei Schritte, A Stab schulterbreit quergefaßt, Ristgriff: Werfen des Stabes zu B. B: Fangen des Stabes mit Ristgriff. Dasselbe mit Kammgriff. Zustoßen des Stabes.

A Stab links in der Mitte gefaßt: Wurf des Stabes zu B. B: Fangen des Stabes rechts. Zurollen des Stabes. Werfen und Rollen kombinieren: A wirft zu B, B rollt zu A.

A Hocke, Stab links in Vorhalte, B Stand vor dem Stab. A: Stab vier Takte halten, Stab in Hochhalte nach rechts übergeben und senken (4 Takte). B: Stab im Pferdchensprung überhüpfen, A umlaufen bis zur anderen Stabseite.

Stand gegenüber, A Stab beidhändig schulterbreit quergefaßt, Grätschstand: Rumpfvorbeugen. B Stab beidhändig stützen: A Rumpffedern.

A Stand, B Hocke gegenüber, Stab beidhändig quergefaßt: B: Drei Nachstellschritte seit um A herum, auf Takt vier Wechsel. A dreht sich dabei um die eigene Achse.

A Stab an einem Ende beidhändig gefaßt in Vorhalte, B gegenüber, Grätschstand neben dem Stab, Arme in Hochhalte: Über die tiefe Hocke mit Senken der Arme unter dem Stab hindurch. Auf der anderen Seite Stand und Armhochhalte. Übung dreimal ausführen, dann zwei Takte für den Wechsel (sprich: tiefhoch, tiefhoch, tiefhoch. Wechsel, *Abb. 142).*

Stand gegenüber, Stab an den Enden beihändig gefaßt: Schwingen des Stabes vor dem Körper von der einen Seite auf die andere.

Abb. 143

Schwingen des Stabes zur einen, dann zur anderen Seite, anschließend (zur ersten Seite beginnend) einen ganzen Armkreis. Gegengleich *(Abb. 143).*

Schwingen des Stabes zur einen, dann zur anderen Seite, anschließend ganzer Kreis und ohne Lösung der Handfassung unter dem Stab durchwinden. Alles im Grätschstand ausführen.

Stand versetzt gegenüber, Stab schulterbreit quergefaßt in Hochhalte, Grätschstand: Rumpfseitbeugen mit und ohne Zwischenfedern *(Abb. 144).*

Stab beidhändig schulterbreit quergefaßt in Hochhalte, linken Fuß vor (Schrittstellung), A Rumpfvorbeugen, B gleichzeitig Rumpfrückbeugen. Wechsel.

Abb. 144

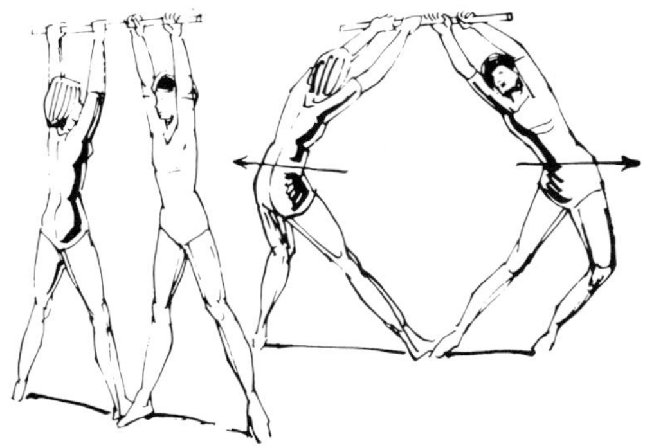

Abb. 145

Stab beidhändig schulterbreit quergefaßt in Vorhalte: Rumpfvorbeugen mit Anwinkeln der Arme und gleichzeitigem abwechselnden Rückhochspreizen der gestreckten Beine *(Abb. 145).*

Stab beidhändig schulterbreit quergefaßt in Vorhalte, linkes Bein auf den Stab stellen: Im Kreis vorwärts hüpfen *(Abb. 146).*

Dasselbe mit Einhängen des linken Beines auf dem Stab (Kniekehle, *Abb. 147).*

Stand nebeneinander, Stab beidhändig quergefaßt in Vorhalte: Gemeinsam Ausfallschritt links vorwärts mit oder ohne Zwischenfedern.

Dasselbe mit Ausfallschritt links rückwärts.

Stab in Hochhalte: Vorhalte mit Ausfallschritt links rückwärts und dreimal Federn, Stand mit Hochhalte (4 Takte), dann Stab auf den Nacken senken und wieder Hochhalte (4 Takte).

Stab in Tiefhalte: Stab am Körper entlang in die Hochhalte führen und über die Vorhalte wieder in die Tiefhalte (Stab kreisen).

Dasselbe seitwärts nach links-hoch beginnend ausführen.

Stab quer in Tiefhalte, mit den Außenhänden gefaßt: Gemeinsam oder abwechselnd Stab übersteigen und um die Stabenden herum zum Ausgangspunkt laufen.

Grätschstand nebeneinander, Abstand zwei Schritte, A Stab beidhändig schulterbreit quergefaßt in Hochhalte: Rumpfseitbeugen zu B, Stab abgeben (2 Takte), Oberkörper aufrichten, Hocke mit Klatsch auf den Boden (1 Takt), Stand mit

Abb. 146

Abb. 147

Klatsch auf die Oberschenkel (1 Takt), Rumpfseitbeugen zu B, Stabübernahme (2 Takte), Rumpfseitbeugen zur Außenseite mit Zwischenfedern (2 Takte), B beginnt mit Hochhalte ohne Stab, Rumpfseitbeugen zu A, Stabübernahme.

Grätschstand Rücken an Rücken, Abstand einen Schritt, Stab zwischen den Beinen hindurch, an den Enden beidhändig gefaßt, A Rumpfvorbeuge, B Rumpftiefbeuge: Wechselseitiges Rumpfvor- und Rumpftiefbeugen mit oder ohne Zwischenfedern. Stab kräftig hin- und herbewegen *(Abb. 148).*

Stand Rücken an Rücken, Stab hinten beidhändig quergefaßt in Tiefhalte: Kleiner Ausfallschritt links vor mit Rückhochführen der Arme, dreimal Tieffedern, Stand *(Abb. 149).*

Stab liegt auf dem Boden, A und B Stand gegenüber auf derselben Stablängsseite, Beidhandfassung: Zickzackhüpfen über den Stab.

Je einmal Zickzackhüpfen mit Zwischenfedern, dann je zweimal ohne Zwischenfedern.

Abb. 148

Abb. 150

Drei Zickzackhüpfer über den Stab, einen Takt Pause, Handfassung lösen, in der Hocke Stab aufnehmen, in Hochhalte zur anderen Seite geben, dort ablegen, Stand mit Handfassung (4 Takte).

Stab liegt zwischen A und B, Stand versetzt gegenüber: Gleichzeitig ohne Zwischenfedern Schlußsprung über den Stab, sofort rückwärts zurückhüpfen, einen Nachstellschritt zum anderen Stabende hin.

Gleichzeitig Schlußsprung über den Stab mit Zwischenfedern, einen Nachstellschritt zum anderen Stabende, rückwärts über den Stab hüpfen mit Zwischenfedern, Nachstellschritt zum anderen Stabende *(Abb. 150).*

c) Stabtanz

Kreisaufstellung zu Paaren, linke Schulter zur Kreismitte, Stab quer vor dem Körper mit den Außenhänden gefaßt in Tiefhalte.

Abb. 149

Abb. 151

Teil A: 16 Laufschritte vorwärts.

Teil B: A steigt über den Stab und läuft außenherum wieder hinter den Stab. Dann B dasselbe (je 8 Takte).

Teil C: Zwölf kleine Kreuzschritte in den Kreis (links seit beginnend), dann Stampfen links, rechts, links. Gegengleich (Teil C evtl. mit Stabhochhalte).

Der Tanz hat sechs Durchgänge.

E. Partnerübungen mit zwei Stäben

Durcheinander gehen:

A und B hintereinander, Stäbe in Tiefhalte rechts und links an den Enden gefaßt: 16 Laufschritte vorwärts, dabei Knie hochziehen, dann geht A in die Hocke, B geht in Kurven 16 Schritte um alle „Gespanne" herum, mit neuem Partner von vorn. Nach dem nächsten Lauf wechseln die „Pferde".

A zieht B, B macht sich schwer. A geht vor- oder rückwärts.

B Bauchlage vor oder hinter A und läßt sich ziehen. B Rükkenlage vor oder hinter A und läßt sich ziehen. B Schwebesitz, Stab 1 liegt quer auf den leicht gegrätschten Beinen, A Stand hinter B, A und B Stab 2 beidhändig quergefaßt: A zieht B *(Abb. 151).*

A und B Stand mit den Rücken zueinander, Stäbe liegen auf den Schultern beidhändig an den Enden gefaßt: Vier Schritte gehen, Hocke und Stäbe in Hochhalte, Rückbewegung (4 Takte), A geht vor-, B rückwärts.

A und B Stand hintereinander, Stäbe rechts und links an den Enden gefaßt in Hochhalte: Im Ballenstand vorwärtsgehen.

Mit den Stäben in Tiefhalte acht Schritte gehen, dann in der Hocke mit Stabhochhalte acht Schritte gehen.

Strecksitz gegenüber, Stäbe rechts und links an den Enden gefaßt, A links Vorhalte, rechts Rückhalte, B gegengleich: Stäbe vor- und rückschwingen.

Stäbe in Seittiefhalte: Stab 1, dann Stab 2 in die Hochhalte, beide Stäbe gleichzeitig langsam senken *(Abb. 152).*

Grätschsitz gegenüber, Stabenden rechts und links gefaßt in Tiefhalte: Seithochführen von Stab 1 mit gleichzeitigem Rumpfseitbeugen zur anderen Seite, dreimal Federn. Rückbewegung, dann gegengleich *(Abb. 152).*

Kniesitz gegenüber, Stabenden rechts und links gefaßt in Tiefhalte: Kniestand mit gleichzeitiger Hochhalte beider Stäbe, Rückbewegung *(Abb. 153).*

Schwingen der Stäbe vor und rück.

A Kniesitz, rechts und links je ein Stabende gefaßt, Seittiefhalte; B Stand vor Stab 1: Überhüpfen, vor Stab 2 laufen, überhüpfen *(Abb. 154).*

Stab 1 überhüpfen, vor Stab 2 laufen, untendurchkriechen *(Abb. 155).*

Stab 1 überhüpfen, ½ Drehung, zwei Nachstellschritte seit vor Stab 2. Gleichzeitig führt A folgende Übung aus: Vier Takte Pause (B überhüpft und dreht), Kniestand mit Hochhalte beider Stäbe und Rückbewegung (4 Takte, B führt Nachstellschritte aus).

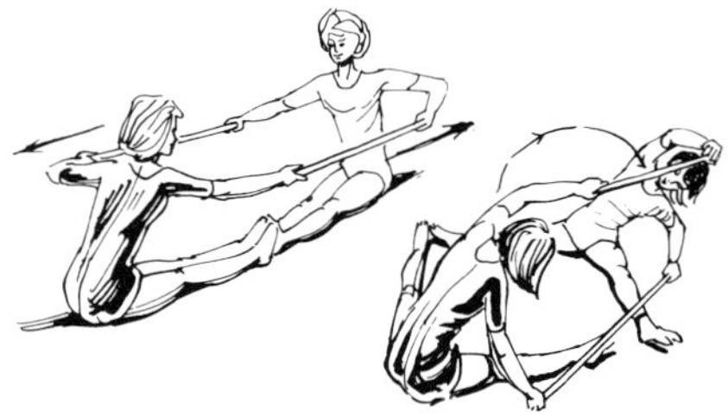

Abb. 152

Stand gegenüber, rechts und links je ein Stabende gefaßt, A links Vortiefhalte, rechts Rücktiefhalte, B gegengleich: Stabschwingen vor und rück.

A rechts und links Vortiefhalte, B Rücktiefhalte: Stäbe parallel vor- und rückschwingen.

Stäbe in Tiefhalte, gleichzeitig große Kreise ausführen, nach Seithoch beginnen.

Abwechselnd kreisen, erst Stab 1, dann sofort Stab 2 (auf fließenden Wechsel achten).

Stäbe parallel kreisen, zur selben Seite beginnen.

Auch im Grätschstand üben *(Abb. 156).*

Abb. 153

Abb. 154

Abb. 155

Schwingen der Stäbe erst zur einen, dann zur anderen Seite, dann $^{1}/_{1}$-Kreis beschreiben, zur ersten Seite beginnend.

Dasselbe, aber beim ganzen Kreis mit ganzer Umdrehung unter den Stäben durchwinden *(Abb. 157)*.

Grätschstand gegenüber, Stabenden rechts und links in Seittiefhalte: Seithochführen von Stab 1 mit gleichzeitigem Rumpfseitbeugen zur anderen Seite, Rückbewegung, dann gegengleich.

Stäbe in Seittiefhalte: Erst Stab 1, dann Stab 2 in Hochhalte führen, Ballenstand, Rückbewegung.

Dasselbe, anschließend beide Stäbe gleichzeitig in die Hochhalte führen, Rückbewegung.

A Stand, B Hocke, Stabenden rechts und links gefaßt: Abwechselnd Hocke und Stand.

A und B Hocke gegenüber, Stabenden rechts und links gefaßt in Seittiefhalte: Ballenstand und Führen von Stab 1 in Hochhalte, Rückbewegung, gegengleich.

Erst Stab 1, dann Stab 2 in Hochhalte, dann Aufrichten in den Ballenstand. Langsame Rückbewegung in die Hocke und gleichzeitiges Senken der Stäbe in die Tiefhalte.

Hocke gegenüber, Stabenden rechts und links gefaßt in Seittiefhalte: Beide Stäbe Hochhalte (1, 2, 3), beide Senken und Ablegen von Stab 1 (1, 2, 3), Schlußsprung über Stab 1 und gleichzeitige Übergabe von Stab 2 in der Hochhalte (1, 2, 3), Hocke mit Tiefhalte von Stab 2 und Aufnahme von Stab 1 (1, 2, 3).

Abb. 159

A und B Stand gegenüber, je einen Stab links in der Mitte gefaßt: Stäbe gleichzeitig links zuwerfen, rechts fangen *(Abb. 158)*.

Je einen Stab senkrecht auf dem Boden: Gleichzeitig eigenen Stab loslassen, schnell zum anderen Stab laufen und fassen, bevor er umfällt.

A Stand, Arme in Seithalte, Stäbe rechts und links am oberen Ende gefaßt, senkrecht am Boden: B läuft gebückt in Kurven um A und die Stäbe herum (unter den Armen von A durch, *Abb. 159)*.

B Stand vor dem linken A-Arm. Gebückt untendurch (1, 2, 3,

Abb. 156

Abb. 157

Abb. 158

4), Aufrichten mit ½ Drehung (1, 2, 3, 4). Zwei Nachstellschritte seit zum rechten A-Arm (1, 2, 3, 4, 1, 2, 3, 4).

B geht in der Hocke in Kurven um A und die Stäbe herum.

Stäbe liegen parallel am Boden, Abstand ca. ½ m, A und B Hocksitz gegenüber in der „Stabgasse“: Linken Fuß über den linken Stab führen, mit den Fußspitzen kick, Rückbewegung und gegengleich *(Abb. 160)*.

Dasselbe zweimal links, dann zweimal rechts.

Linken Fuß über den linken Stab führen, kick, Rückbewegung, beide Füße über den linken Stab führen, kick, Rückbewegung und gegengleich.

A: beide Füße über den linken Stab führen, kick, Rückbewegung und gegengleich. B beginnt am rechten Stab.

A und B: Gleichzeitig linken Fuß über den linken Stab und rechten Fuß über den rechten Stab führen, kick, Rückbewegung.

Dasselbe abwechselnd ausführen: A turnt, B pausiert, dann umgekehrt.

A und B Stand gegenüber in der Stabgasse. Handfassung: A mit dem linken, B mit dem rechten Fuß kick über Stab 1 und zurück. Gegengleich.

Zweimal kick über Stab 1 und zurück, dann ein Nachstellschritt über Stab 1 und zurück. Gegengleich.

Zweimal kick über Stab 1 und zurück, dann Schlußsprung über Stab 1 mit Zwischenfedern und zurück. Gegengleich.

Einen Nachstellschritt über Stab 1 und zurück, dann Schlußsprung über Stab 1 mit Zwischenfedern und zurück. Gegengleich.

A bleibt stehen und unterstützt die B-Übung. B: Ohne Zwischenfedern Schlußsprung über Stab 1 und zurück, über Stab 2 und zurück, über Stab 1 und zurück, dann zwei Takte Pause, anschließend Wechsel (sprich: raus – rein – raus – rein – raus – rein – Pau – se, *Abb. 161)*.

Stand nebeneinander, Stab 1 zugewendet, Innenhände gefaßt: Gemeinsam einen Nachstellschritt über Stab 1, rückwärts zurück (4 Takte), Handfassung lösen, Schlußsprung mit ½ Drehung zu Stab 2 und erneute Innenhandfassung (schnell ausgeführt = 2 Takte, langsam ausgeführt = 4 Takte).

Gemeinsam Schlußsprung mit Zwischenfedern über Stab 1 und rückwärts zurück (4 Takte), Handfassung lösen, Schlußsprung mit ½ Drehung zu Stab 2 (schnell ausgeführt = 2 Takte, langsam ausgeführt = 4 Takte).

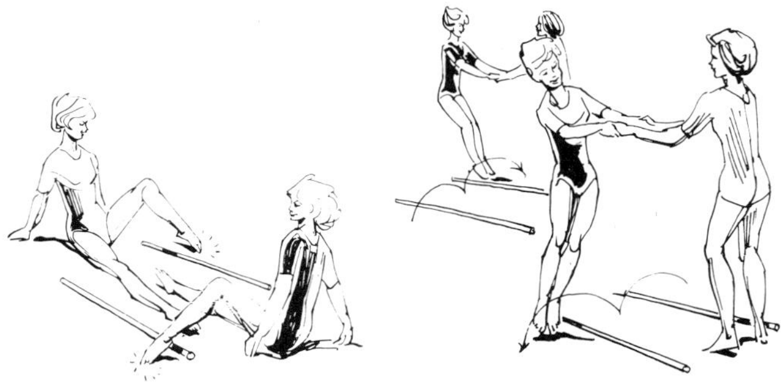

Abb. 160 Abb. 161

Stand nebeneinander, A Stab 1, B Stab 2 zugewendet: Sprung vorwärts mit ½ Drehung über den Stab, einen Nachstellschritt vorwärts in die Stabgasse. Gegengleich.

A und B Stand versetzt gegenüber außerhalb der Stabgasse, A vor Stab 1, B vor Stab 2: Schlußsprung über den Stab mit Zwischenfedern in der Stabgasse, Schlußsprung über den nächsten Stab mit ½ Drehung und Zwischenfedern (4 Takte), zwei Nachstellschritte seit zum anderen Stabende (4 Takte).

F. Dreierübungen

a) Mit einem Stab

A und B Stand gegenüber, Stab beidhändig an einem Ende von unten gefaßt, Arme angewinkelt. C Strecksitz unter dem Stab, Stab beidhändig in der Mitte gefaßt: C macht Klimmzüge.

A und B Stand nebeneinander, Stab beidhändig an einem Ende gefaßt. C Sitz auf dem Stab, Arme um die Schultern von A und B: Vorwärtsgehen *(Abb. 162)*.

C Stütz auf dem Stab; Vorwärtsgehen.

C Liegestütz, dabei Füße auf den Stab legen; vorwärtsgehen *(Abb. 162)*.

C Liegestütz rücklings, dabei Füße auf den Stab legen; vor- oder rückwärtsgehen.

C Stütz auf dem Stab, langsamer Umschwung vorlings.

A und B: Stabtiefhalte, C: Stab überhüpfen.

Abb. 162

Abb. 163

C: Unter dem Stab durchkriechen.

C: Beide Übungen kombinieren *(Abb. 163).*

A und B Stab Hochhalte, C: Eine Acht um A und B unter dem Stab hindurchlaufen.

A und B Stab Tiefhalte, C: Stab überhüpfen, laufen um A, gegengleich.

b) Auf der Kreislinie zu dreien mit einem Stab

A und B Stand nebeneinander, je ein Stabende beidhändig gefaßt in Tiefhalte;

C überhüpft alle Stäbe.

C läuft gebückt unter allen etwas höher gehaltenen Stäben hindurch *(Abb. 164).*

Beide Übungen kombinieren *(Abb. 164).*

A und B: Stab mit angewinkelten Armen halten, C Stand in der Mitte hinter dem Stab, Stab beidhändig gefaßt: Acht Schritte gehen, dann schlüpft C unter dem Stab hindurch und läuft zum nächsten Paar.

Acht Schritte gehen, dann überhüpft C den tiefer gehaltenen Stab und läuft zum nächsten Paar.

Acht Schritte gehen, dann schlüpft C unter dem Stab hindurch und schlüpft rückwärts wieder zurück.

Abb. 164

Abb. 165

Acht Schritte gehen, dann überhüpft C den tiefer gehaltenen Stab und schlüpft rückwärts unter dem höher gehaltenen Stab wieder zurück.

Acht Schritte gehen, dann überhüpft C den tiefer gehaltenen Stab und läuft um A herum. Gegengleich. Dasselbe mit „Untendurchschlüpfen".

Alles im Laufen ausführen.

c) Mit zwei Stäben

A und B Stand gegenüber, rechts und links je ein Stabende von unten gefaßt, Arme angewinkelt, Hände dicht bei den Schultern:

C stützt auf dem „Barren".

C hängt am „Barren" ohne Bodenberührung, Beine angewinkelt oder in Vorhebhalte oder Arme angewinkelt, A und B fortbewegen *(Abb. 165)*.

C versucht aus dem Hangstand Klimmzüge *(Abb. 165)*.

A und B Grätschsitz gegenüber, je einen Stab beidhändig quergefaßt. C Grätschstand seitlich zwischen A und B, rechts und links je einen Stab in der Mitte gefaßt. A und B: Abwechselnd Rückenlage und Sitz. C: Wechselseitiges Gewichtverlagern nach links und rechts *(Abb. 166)*.

A Stand, Arme in Seithalte, Stäbe stehen rechts und links gefaßt senkrecht auf dem Boden, B Stand neben „Tor" 1, C Stand neben „Tor" 2, einander gegenüber; Arme in Hochhalte: Tiefgebeugt, mit gesenkten Armen einen Nachstellschritt seit unter dem „Tor" hindurch, Aufrichten und Hochhalte (4 Takte, *Abb. 167)*.

Dasselbe ohne Hochhalte (4 Takte), dann Klatsch in die Partnerhände, auf die Oberschenkel (4 Takte).

B und C Stand nebeneinander, den „Toren" zugewendet: Gleichzeitig gebückt durch die Tore gehen, Aufrichten (4 Takte), linken Arm einhaken und acht Hüpfschritte im Kreis herum. Gegengleich *(Abb. 168)*.

Abb. 166

Abb. 167

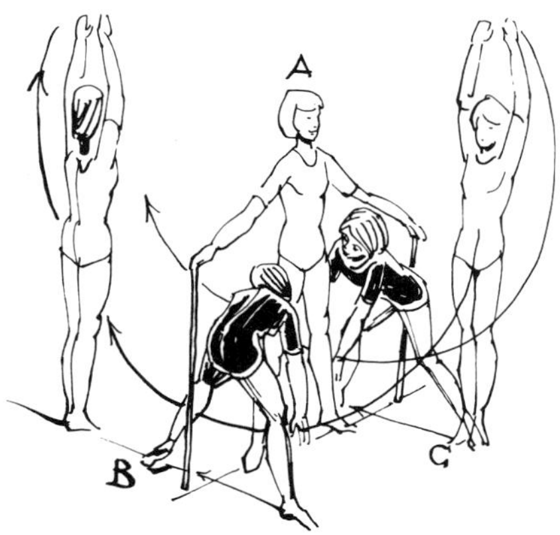

Abb. 168

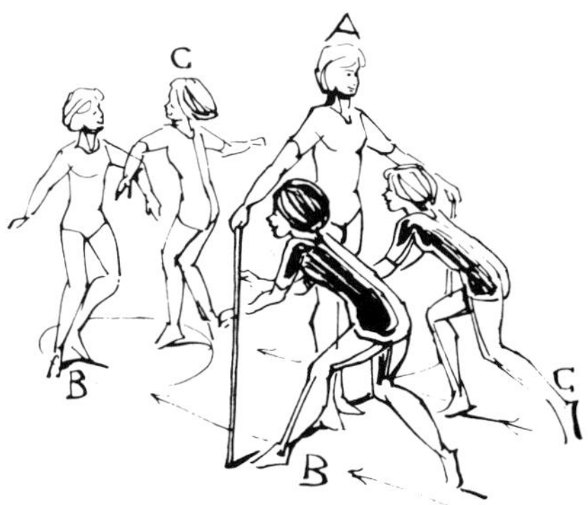

5

Schwingen, Kreisen und Bewegen mit dem Seil

A. Aufwärmen

B. Gymnastik mit dem Seil

C. Partnerübungen mit dem Seil

A. Aufwärmen

a) Mit dem Seil von einem Hallenende zum anderen – Kanon

Vorwärtslaufen, bei jedem zweiten Schritt das Seil durchschlagen.

Vorwärtslaufen, bei jedem dritten Schritt das Seil durchschlagen.

Seil einmal gefaltet beidhändig gefaßt in Hochhalte: Beim Vorwärtsgehen Arme senken, Seil übersteigen und mit gestreckten Armen hinten in die Hochhalte führen.

Beim Rückwärtsgehen die Bewegung genau umgekehrt ausführen.

Seil in Hochhalte acht Schritte vorwärtsgehen, am Ort Seil übersteigen und wieder in die Hochhalte führen (8 Takte).

Seil in Hochhalte: Zwei Nachstellschritte links mit Rumpfseitbeugen links, gegengleich.

Tiefgebeugt rückwärts gehen, Seil beidhändig gefaßt hinterherziehen.

Acht Schritte vorwärtslaufen, dabei vier Seildurchschläge, am Ort acht Seildurchschläge ohne Zwischenfedern oder am Ort vier Seildurchschläge mit Zwischenfedern (Schlußsprünge).

Acht Schritte vorwärtslaufen, dabei vier Seildurchschläge, am Ort vier Seildurchschläge mit Zwischenfedern, beim vierten Durchschlag schnell Hockstellung und Stand.

Seil beidhändig an den beiden Enden gefaßt, geschlossen halten: Zwei Dreierschritte mit Seilkreisen, vortief beginnend rechts und links am Körper vorbei.

Zwei Dreierschritte mit Seilkreisen, vortief beginnend rechts und links am Körper vorbei, Seil öffnen und bei Zeit 2 Dreierschritte, auf den jeweils ersten Schritt einen Seildurchschlag (1, 2, 3, 1, 2, 3).

Kanon, zwei Gruppen, $^3/_4$-Takt

1. Vier Dreierschritte mit vier Seildurchschlägen.
2. Stand, die beiden Seilenden geschlossen: Seilkreisen, vortief beginnend rechts, links, rechts, links am Körper vorbei.

b) Ohne Seil, das lang oder in Kreisform auf dem Boden liegt

Mit den Seilen Kreise legen

In Kurven um alle Seilkreise gehen, laufen, hüpfen, mit Musikende in irgendeinen oder in den eigenen Seilkreis setzen oder stellen.

Beim Laufen in alle Seilkreise treten.

Beim Laufen alle Seilkreise umkreisen.

Beim Laufen alle Seilkreise überhüpfen.

Stand vor dem Seilkreis, linker Fuß im Kreis: Beim Schrittwechselhüpfen auf der Kreislinie entlangbewegen.

In der Hockstellung um die Kreise herumgehen oder hüpfen.

Über den Kreis hüpfen im Schluß- oder Schrittsprung.

Hüpfen mit geschlossenen Beinen ohne Zwischenfedern: Vorwärts in den Kreis, vorwärts hinaus, ½ Drehung (4 Takte).

Vorwärts in den Kreis, vorwärts hinaus, ½ Drehung (4 Takte), drei Seitgaloppschritte um den Kreis, dann Schlußsprung (4 Takte).

Mit den Seilen Wege legen

Die Seile nebeneinander mit genügend Abstand langlegen:

Abb. 169

Abb. 170

Abb. 171

Abb. 172

Abb. 173

Auf den Wegen zwischen den Seilen gehen, hüpfen und laufen.

Auf den Wegen in der Hocke gehen und hüpfen.

Im Stand auf einem Bein vorwärts hüpfen.

Zwei Hüpfer auf dem linken Bein, dann rechts, dann vier Schlußsprünge vorwärts.

Zwei Hüpfer links, zwei rechts, vier Schlußsprünge am Ort mit 1/4 Drehungen.

Mit Schritt- oder Schlußsprüngen über die Seile hüpfen.

Gymnastik am Seilweg

Auf dem Seil vor- und rückwärts balancieren.

Stand neben dem Seilende: Zickzackhüpfen vor- und rückwärts am Seil entlang.

Mit gekreuzten Beinen über dem Seilende stehen: Grätschsprung und Kreuzsprung vor- und rückwärts am Seil entlang.

Stand links neben dem Seilende: „Storchengang“, linkes Bein heben und rechts vom Seil aufsetzen, rechtes Bein heben und links vom Seil aufsetzen.

Stand links neben dem Seilende, dem Seil zugewendet: Schlußsprung über das Seil mit Zwischenfedern, dann einen Nachstellschritt nach links, Schlußsprung rückwärts über das Seil, Zwischenfedern, dann einen Nachstellschritt nach links, bis zum Seilende, dann gegengleich.

Stand links neben dem Seilende, dem Seil zugewendet: Schlußsprung über das Seil und sofort ohne Zwischenfedern rückwärts rückhüpfen, dann einen Nachstellschritt nach links, bis zum anderen Seilende, gegengleich.

Stand neben dem Seilende, dem Seil zugewendet, Hände stützen auf der anderen Seite auf: Mit Händen und Füßen gleichzeitig Nachstellschritte ausführen bis zum anderen Seilende, gegengleich.

In der Hockstellung vor- und rückwärts neben dem Seil entlanggehen.

Acht Schritte in der Hockstellung vorwärtsgehen, Hände auf den Boden stützen, zweimal Knie durchdrücken und wieder Hockstellung (langsam ausführen, 8 Takte).

Hocksitz neben dem Seilende, Hände hinten aufstützen, Becken heben: Auf Händen und Füßen acht Schritte zum anderen Seilende gehen, am Ort viermal schnelles, abwechselndes Hochwerfen der Beine oder zweimal Hochwerfen der Beine mit Zwischenfedern, acht Schritte rückwärts gehen usw.

Hockstellung links neben dem Seil: Hände auf rechter Seilseite aufstützen und mit den Beinen nach rechts überhokken. Gegengleich.

Dasselbe mit Aufrichten des Oberkörpers und Hochhalte der Arme nach dem Überhocken.

Strecksitz neben dem Seilende: Durch wechselndes Vorschieben der gestreckten Beine am Seil vorwärts bewegen (Bewegung geht von den Hüften aus). Auch rückwärts üben.

Hockstellung links neben dem Seilende, Hände rechts und links vom Seil aufstützen: Mit den Beinen nach rechts überhocken, beide Hände gleichzeitig vorwärts stützen. Gegengleich.

Stand neben dem Seil, dem Seil zugewendet: Schlußsprünge mit 1/2 Drehung über das Seil.

B. Gymnastik mit dem Seil

a) In der Bauchlage

Seil zweimal zusammengelegt, beidhändig gefaßt: Seil heben und senken, dann Beine grätschen und schließen.

Seil gefaßt wie oben, Beine gegrätscht: Rumpfseitbeugen *(Abb. 169)*.

Die angewinkelten Beine in das zweimal zusammengelegte Seil einhängen, beidhändig gefaßt: Schaukeln *(Abb. 170)*.

Seil mit Aufrichten des Oberkörpers und gestreckten Armen auf den Rücken führen. Rückbewegung *(Abb. 171)*.

Das zusammengeknüllte Seil ständig von einer Hand in die andere übergeben, vor dem Körper und hinter dem Rücken.

b) Im Kniesitz

Seil zweimal zusammengelegt, beidhändig gefaßt, in lockerer Hochhalte: Kopf langsam vortief und rücktief senken, mit den Armen leichte Gegenbewegung ausführen *(Abb. 172)*.

Links neben die Beine setzen, Seil nach rechts führen. Gegengleich.

Seil beidhändig auf dem Rücken gefaßt: Kopf auf den Boden senken, Becken heben, Arme rückhoch federn *(Abb. 173)*.

Abb. 174

Abb. 175

Abb. 176

Das zusammengeknüllte Seil mit linker Hand weit vor dem Körper ablegen, rechte Hand übernimmt das Seil und legt es weit hinter dem Körper ab, linke Hand übernimmt *(Abb. 174).*

c) Im Kniestand

Das zweimal zusammengelegte Seil beidhändig gefaßt in Hochhalte: Sitz links neben die Beine, Seil nach rechts führen, Rückbewegung und gegengleich *(Abb. 175).*

Kniegrätschstand, Seil beidhändig gefaßt in Hochhalte: Rumpfseitbeugen.

Rechtes Bein gestreckt seitstellen, linke Hand in Fußhöhe links aufstellen (Abstand etwa 30 cm), Becken vorschieben, Kopf locker rückfallen lassen; Seil einmal zusammengelegt, rechts gefaßt: Mit gestrecktem Arm großen Armkreis ausführen, vom gestreckten Bein nach vorn beginnend. Das Seil soll immer Bodenberührung haben *(Abb. 176).*

d) In der Rückenlage

Seil zweimal gefaltet, beidhändig gefaßt in Vorhalte: Beine abwechselnd gestreckt an das Seil heben und wieder senken.

Linkes Bein durchhocken, Rückbewegung und gegengleich.

Beide Beine gleichzeitig durchhocken und gestreckt über dem Seil senken. Rückbewegung *(Abb. 177).*

Seil zweimal gefaltet, beidhändig gefaßt in Hochhalte: Beine anhocken und gleichzeitig das Seil auf die angehockten Beine senken. Rückbewegung und sofort über die Bauchlage 1/1 Drehung in die Rückenlage *(Abb. 178).*

Füße gegen das einmal zusammengelegte, beidhändig gefaßte Seil stemmen: Schnell Schwebesitz, Seil bleibt ständig gespannt.

Wettspiel: Seil einmal zusammengelegt in Vorhalte: Auf Zuruf beide Beine durchhocken, Seil unter dem Körper durchwinden und wieder in Vorhalte bringen. Wer wird Erste *(Abb. 179)?*

e) Im Strecksitz

Seil einmal zusammengelegt beidhändig gefaßt hinter dem Rücken in Tiefhalte: Rumpfvorbeugen mit Rückhochfedern des Seiles.

Seil einmal zusammengelegt, beidhändig gefaßt, linken Fuß gegen das Seil stemmen: Linkes Bein anhocken, hochstrekken, anhocken, Strecksitz. Gegengleich.

Dasselbe mit beiden Beinen ausführen, das Seil bleibt immer gespannt.

Dasselbe ohne „Anhocken" ausführen.

Seil zweimal zusammengelegt, beidhändig gefaßt in Hochhalte: Langsam in die Rückenlage senken.

Abwechselnd rechtes und linkes Bein durch das Seil hokken, hochstrecken, Rückbewegung.

Dasselbe mit beiden Beinen gleichzeitig *(Abb. 180).*

Seil zusammengeknüllt, links in Seithalte: Seil unter dem linken, gestreckt und gehobenen Bein durchgeben nach rechts. Gegengleich.

Dasselbe unter beiden Beinen hindurch.

Abb. 177

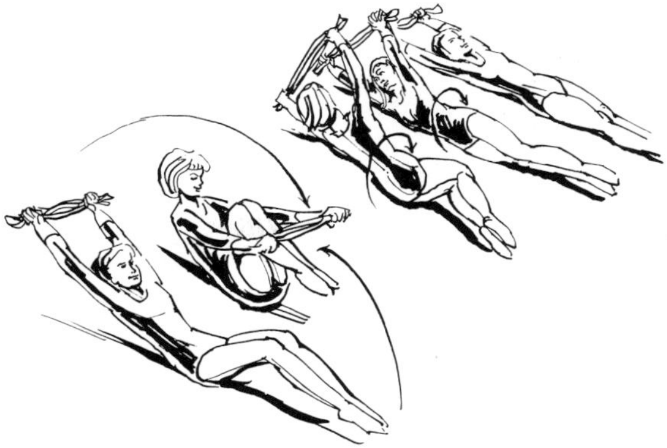

Abb. 178

Abb. 179

f) Im Seitgrätschsitz

Seil zweimal zusammengelegt, beidhändig gefaßt in Hochhalte: Seil weit vor dem Körper ablegen (1), Hände hinten aufstützen (2), Beine über dem Seil schließen (3), Seitgrätschsitz (4), Becken heben (5), senken (6), Seil beidhändig übernehmen (7), Hochhalte (8, *Abb. 181).*

Seil liegt zusammengeknüllt weit vor dem Körper am Boden: Linke Hand nimmt das Seil auf und legt es weit hinter dem Körper ab. Rechte Hand übernimmt und legt es wieder vor *(vgl. Abb. 174).*

Seil liegt zusammengeknüllt zwischen den Beinen: Beidhändig fassen, hochwerfen und fallen lassen, während Hochwerfen und Fallenlassen schnell Streck- und Grätschsitz ausführen.

Seil zweimal zusammengelegt, beidhändig gefaßt in Vorhalte: Rumpfseitdrehen, dabei die Arme langsam oder schwungvoll mit oder ohne Zwischenfedern nach links und rechts führen *(Abb. 182).*

Seil in Hochhalte: Dicht am Körper entlangführen bis an den linken Fuß. Rückbewegung und gegengleich.

Seil in Hochhalte: Rumpfseitbeugen mit oder ohne Zwischenfedern.

g) Im Hocksitz

Seil liegt zweimal zusammengelegt vor den Füßen: Abwechselnd mit den Fußspitzen oder den Fersen vor dem Seil auftippen.

Linker Fuß steht auf der Ferse vor dem Seil, rechter Fuß auf der Spitze hinter dem Seil: Schneller Wechsel.

Abb. 180

Abb. 181

Abb. 182

Seil einmal zusammengelegt unter den Kniekehlen durchführen, beidhändig gefaßt: Mit Schwung auf den Rücken rollen. Rückbewegung.

Seil in Hochhalte, beidhändig gefaßt: Unter den Füßen und dem Gesäß durchwinden und mit gestreckten Armen rückhoch führen.

h) Im Schneidersitz

Seil zweimal zusammengelegt auf dem Rücken halten, linke Hand faßt von oben, rechte Hand von unten: Seil gleichmäßig straff nach hinten wegdrücken.

Seil zweimal zusammengelegt, beidhändig gefaßt in lockerer Hochhalte: Kopf langsam mit leicht geöffnetem Mund vor- und rückbeugen. Mit den Armen leichte Gegenbewegung ausführen *(vgl. Abb. 172).*

Seil einmal zusammengelegt, beidhändig gefaßt in Hochhalte: Oberkörper weit vorbeugen, dabei Seil vortief führen. Rückbewegung. Oberkörper rückbeugen, und mit gestreckten Armen das Seil weit hinter dem Körper auf den Boden senken *(Abb. 183).*

Seil zusammengeknüllt beidhändig hochwerfen – fangen.

i) In der Hockstellung

Mit einmal zusammengelegtem Seil Seilhüpfen.

j) Im Stand

Seil beidhändig an den Enden gefaßt, Seilschlinge geschlossen: Seilschwingen rechts und links neben dem Körper, entweder vorhoch oder vortief beginnen, mit ge-

Abb. 185

streckten Armen große Armkreise oder mit angewinkelten Armen kleine Armkreise ausführen.

Beides kombiniert: Je einen kleinen Armkreis, dann je einen großen Armkreis ausführen.

Seilhüpfen mit geschlossenen Beinen (Schlußsprünge) mit oder ohne Zwischenfedern. Bei jedem vierten Sprung einen Doppeldurchschlag.

Seilhüpfen mit Schrittsprüngen.

Bei jedem dritten oder vierten Durchschlag die Arme mit dem Seil kreuzen.

Seilhüpfen rückwärts mit Schlußsprüngen, mit oder ohne Zwischenfedern.

Seilhüpfen rückwärts, aber mit Schrittsprüngen.

Abb. 183

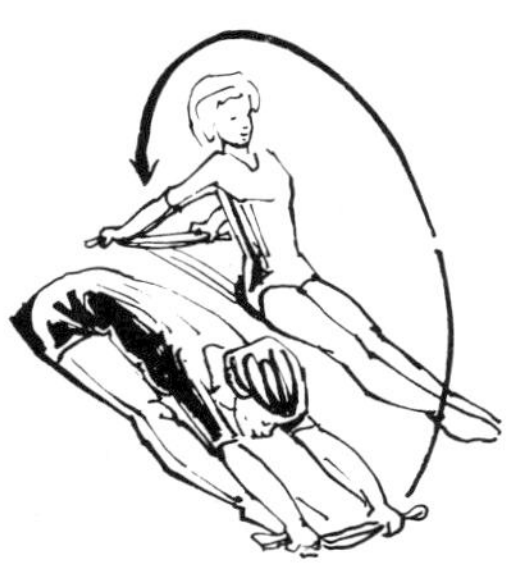

Abb. 184

Abb. 186

Abb. 187

Seilhüpfen mit Schlußsprüngen und Zwischenfedern. Bei jedem vierten Durchschlag schnell Hockstellung und Stand ausführen.

Seilhüpfen mit oder ohne Zwischenfedern: Zwei Hüpfer auf dem linken, dann auf dem rechten Bein, vier Schlußsprünge.

Steigerung: Beim vierten Schlußsprung Hockstellung und Stand.

Je ein kleiner Seilschwung rechts und links neben dem Körper mit geschlossenem Seil, dann je einen großen Seilschwung rechts und links (vortief beginnen), anschließend Seilhüpfen mit vier Schlußsprüngen und Zwischenfedern.

Steigerung: Beim vierten Schlußsprung Hockstellung und Stand.

Seil einmal zusammengelegt links gefaßt in Vortiefhalte: Trichterkreisen dicht über dem Boden, nach rechts beginnen, Überhüpfen des Seiles mit Schluß- oder Schrittsprüngen.

Seil einmal zusammengelegt, beidhändig gefaßt in Tiefhalte: Übersteigen, Seil hinten mit gestreckten Armen über die Hochhalte in die Vortiefhalte führen *(Abb. 184).*

Seil zweimal zusammengelegt, beidhändig gefaßt in Hochhalte: Seil senken, Übersteigen und mit Aufrichten des Oberkörpers rückhoch federn. Rückbewegung.

k) Im Seitgrätschstand

Seil zweimal zusammengelegt beidhändig gefaßt hinter dem Rücken: Rumpfvorbeugen mit schwungvollem Rückhochfedern der Arme.

Seil in Hochhalte, beidhändig gefaßt: Rumpfseitbeugen mit oder ohne Nachfedern.

C. Partnerübungen mit dem Seil

a) Aufwärmen

Jede faßt ein Seilende, ein- oder beidhändig, das Seil ist immer straff gespannt: Gehen zur Musik, bei Ende Hocksitz.

Dasselbe mit Seil in der Hochhalte, unter den anderen Seilen durchgehen *(Abb. 185).*

Dasselbe mit Tiefhalte des Seiles, über die anderen Seile steigen *(Abb. 186).*

Alles nach eigener Vorstellung kombinieren, die anderen Seile umgehen, übersteigen und unten durchgehen.

Auch alles im Laufschritt ausführen.

b) Partnerübungen am Ort

Hocksitz gegenüber, rechts vom straff gespannten, links gefaßten Seil: Linker Fuß tippt links, rechts, links, rechts (1, 2, 3, 4) vom Seil auf den Boden (bei „links" den Fuß über das Seil heben), dann beide Füße gleichzeitig links (1+2), rechts (3+4) vom Seil auftippen. Gegengleich *(Abb. 187).*

A tippt links, rechts vom Seil auf den Boden, während B pausiert, dann B dasselbe, während A pausiert.

A und B fassen je ein Seilende beidhändig: Tauziehen, wer ist stärker?

Abb. 188

Abb. 189

Grätschsitz gegenüber, Füße gegeneinanderstemmen, Seil zweimal zusammengelegt beidhändig gefaßt: A Rückenlage, Partnerin in Vorlage ziehen. Gegengleich. Mit oder ohne Zwischenfedern ausführen.

Kniesitz gegenüber, Seil straff gespannt in Tiefhalte, von A links, von B rechts gefaßt: Seilübergabe im Kniestand mit Hochhalte. Gegengleich *(Abb. 188).*

Stand gegenüber, Seil straff gespannt, links gefaßt: Nach links zum Seil wenden, übersteigen, um das Seilende herum zum Ausgangspunkt laufen. Gegengleich *(Abb. 189).*

Seil links gefaßt in Hochhalte: Nach links unter dem Seil durchwinden. Gegengleich.

Beides kombinieren: Erst das Seil übersteigen, dann unten durchwinden.

Stand gegenüber, Seil straff gespannt, links gefaßt in Hochhalte: A läuft mit straff gespanntem Seil um B herum, B dreht sich mit, oder B dreht sich nicht mit *(Abb. 190).*

Stand gegenüber mit links gefaßtem, straff gespanntem Seil: Abwechselnd mit Schwung in das Seil ein- und ausrollen mit vier Schritten bis in die Seilmitte und zurück oder mit acht Schritten bis zur Partnerin und zurück *(Abb. 191).*

Stand gegenüber in Schrittstellung, rechter Fuß vorn, Seil straff gespannt links gefaßt in Hochhalte, rechter Arm in Vorhalte, Gewicht auf dem rechten Bein: 1/1 Armkreis, tief beginnen mit Gewichtsverlagern rückwärts, Klatsch gegen die

Abb. 191

Abb. 192

Abb. 193

Abb. 190

rechte Partnerhand unter dem Seil mit Gewichtsverlagern vorwärts. Gegengleich *(Abb. 192).*

Stand gegenüber, A hält die beiden Seilenden, B die Seilmitte beidhändig gefaßt: Mit straff gespanntem Seil hüpft B im Seitgalopp um A herum. Wechseln *(Abb. 193).*

Mit straff gespanntem Seil abwechselnd Hockstellung und Stand.

Hockstellung hintereinander, Seil straff gespannt, links gefaßt in Tiefhalte: Übergabe des Seiles nach rechts mit Ballenstand in der Hochhalte.

A hält das Seil einmal zusammengelegt links gefaßt: Seil dicht über dem Boden kreisen, B überhüpft das Seil im Schritt- oder Schlußsprung. Wechseln.

Stand gegenüber, A hält das Seil links, B rechts gefaßt: Mit großen Armkreisen Seilschwünge ausführen. Nach drei Schwüngen fließender Wechsel in die andere Hand. Gegengleich.

Stand gegenüber, A führt das Seil: Gemeinsames Seilhüpfen mit Schrittsprüngen, mit Schlußsprüngen und Zwischenfedern oder ohne Zwischenfedern.

Stand hintereinander, die Hintere führt das Seil: Gemeinsames Seilhüpfen mit Schrittsprüngen, mit Schlußsprüngen, mit Zwischenfedern oder ohne Zwischenfedern.

c) Partnerübungen von einem Hallenende zum anderen

A Bauchlage, Seil in der Seilmitte beidhändig gefaßt, B Seil an den beiden Enden beidhändig gefaßt zieht A im Vorwärts- oder Rückwärtsgang hinter sich her *(Abb. 194).*

A Seil an einem Ende links oder rechts gefaßt: Vorwärtslaufen, Seil hinterherschlängeln, B versucht auf das Seil zu treten.

Stand hintereinander, A hält das Seil an den beiden Enden gefaßt hinter dem Rücken, B hängt sich beidhändig in der Seilmitte ein und läßt sich vorwärtsziehen.

Stand nebeneinander, Seil straff gespannt mit den Außenhänden gefaßt in Vorhalte: Acht Schritte gehen, Seil übersteigen und wieder hinter das Seil laufen. Sprich: Übersteigen, lauf, lauf, lauf, lauf *(Abb. 195).*

Acht Schritte gehen, dann mit acht Schritten unter dem Seil durchwinden und hinter das Seil laufen.

Beide Übungen aneinandergehängt turnen.

Abb. 194

Abb. 195

Acht Schritte gehen, A und B gleichzeitig mit vier Schritten in das Seil einrollen und mit vier Schritten wieder ausrollen *(Abb. 196).*

Stand nebeneinander, Seil an den Enden mit den Innenhänden fassen: Beim Vorwärtsgehen Seilschwingen vor- oder rückwärts mit großen Armkreisen.

Stand nebeneinander, Seil an den Enden mit den Außenhänden fassen: Beim Vorwärtslaufen Seilschwingen, auf einen Seilschlag kommen immer zwei Schritte *(Abb. 197).*

Dasselbe, jedoch läuft A im Seil, B läuft nebenher. Nach vier Seildurchschlägen fließender Wechsel.

A und B laufen vier Seildurchschläge außerhalb vom Seil, dann läuft A vier Seildurchschläge im Seil. Gegengleich, fließender Wechsel.

A und B laufen vier Seildurchschläge außerhalb vom Seil, dann beide gleichzeitig vier Seildurchschläge im Seil.

A und B laufen vier Seildurchschläge außerhalb vom Seil, dann führt A am Ort vier Schlußsprünge mit Zwischenfedern im Seil aus. Fließender Wechsel.

D. Partnerübungen mit zwei Seilen

Stand gegenüber, in jeder Hand ein Seilende, Seile straff gespannt, Arme in Vorhalte: Gemeinsam Hockstellung und Stand, dabei Gewicht rückverlagern.

Arme in Hochhalte: Über die Seit- in die Tiefhalte, ständiger und langsamer Wechsel.

Arme in Hochhalte: Erst linken, dann rechten Arm langsam senken, beide Arme gleichzeitig zurück in die Hochhalte führen.

Arme in Hochhalte: Beide Arme langsam in die Tiefhalte führen, gleichzeitig in die Hockstellung gehen, Rückbewegung *(Abb. 198).*

Stand gegenüber, in jeder Hand ein Seilende, Seile straff gespannt, A linker Arm in Vorhalte, rechter in Rückhalte, B gegengleich: Gemeinsames Armschwingen vor und rück.

Beide Arme in Seithalte: Erst mit dem einen Seil einen großen Armkreis ausführen, dann mit dem anderen Seil. In beiden Richtungen üben.

Mit beiden Seilen gleichzeitig Parallelkreise ausführen.

E. Drei turnen an einem Seil

Aufstellung zu dreien auf der Kreislinie nebeneinander, A und B halten das straff gespannte Seil mit den Außenhänden vor dem Körper, C steht hinter dem Seil: C übersteigt das tiefgehaltene Seil und ½ Drehung, C überhüpft das tiefgehaltene Seil und ½ Drehung, C schlüpft unter dem Seil durch und ½ Drehung *(Abb. 199).*

Abb. 196

Abb. 197

Abb. 198

C übersteigt das tiefgehaltene Seil, läuft um A herum hinter das Seil, übersteigt das Seil und läuft um B herum.

Dasselbe mit Überhüpfen des Seiles.

Dasselbe mit Durchschlüpfen des Seiles.

C überhüpft das tiefgehaltene Seil und schlüpft rückwärtsgehend unter dem höher gehaltenen Seil zurück.

C schlüpft unter dem Seil durch und schlüpft rückwärtsgehend zurück *(Abb. 200).*

C schlüpft unter dem Seil durch, ½ Drehung und überhüpft das tiefgehaltene Seil, ½ Drehung.

Steigerung: A und B führen alle Übungen an ihrem Seilende mit aus und laufen dann wieder hinter das Seil.

Alles im Laufen ausführen, C hält die Seilmitte beidhändig gefaßt: Acht Schritte laufen, dann am Ort eine der oben angeführten Übungen ausführen, nachdem C die Seilfassung gelöst hat.

16 Schritte laufen, Übung ausführen, um A herumlaufen, Übung ausführen, um B herumlaufen.

Die Dreiergruppe läuft acht Schritte vorwärts, C übersteigt das Seil (4 Takte) und läuft vier Schritte weiter zur nächsten Gruppe.

Dasselbe mit „Überhüpfen" ausführen.

Dasselbe mit „Untendurchschlüpfen" ausführen.

Abb. 199

Abb. 201

„Überhüpfen" und „Untendurchschlüpfen" abwechselnd ausführen.

Die Dreiergruppe läuft acht Schritte vorwärts, C übersteigt das Seil, läuft unter dem Seil der nächsten Gruppe durch zur übernächsten Gruppe (8 Takte).

A und B Stand gegenüber, Seil an den Enden gefaßt: Seilschwingen, C läuft unter dem Seil durch, läuft um A, läuft unter dem Seil durch, läuft um B eine Acht *(Abb. 201).*

C läuft von einer Gruppe zur anderen unter allen Seilen durch.

Abb. 200

C läuft um jede Gruppe eine Acht und dann zur nächsten Gruppe.

C läuft ins schwingende Seil und führt Seilhüpfen aus mit Schrittsprüngen, Schlußsprüngen mit oder ohne Zwischenfedern.

C läuft ins schwingende Seil, führt vier Seilhüpfer aus (Schritt- oder Schlußsprünge mit Zwischenfedern oder acht Schlußsprünge ohne Zwischenfedern), läuft aus dem Seil und mit acht Laufschritten zur nächsten Gruppe.

F. Spiele und Staffeln mit dem Seil

„Kleiderständer"

Es liegen zwei- bis dreimal so viele Seile wie Teilnehmer in der Halle am Boden verteilt. Zu Paaren zusammenfinden. A sitzt auf der Bank als „Kleiderständer", B steht als „Besitzer" davor. Auf Zuruf laufen alle B los und sammeln „Kleider" ein, um sie ihrem Kleiderständer um den Hals zu hängen. Die Seile müssen einzeln gesammelt und zum Ständer getragen werden. Wer sammelt die meisten „Kleider"?

Staffeln

In mehreren Reihen hintereinander aufstellen: 1. Jede Mannschaft hat ein zusammengeknotetes Seil. Auf Zuruf nacheinander durch das Seil schlüpfen (mit den Füßen einsteigen und über dem Kopf ausziehen).

2. Auf Zuruf nacheinander Seilhüpfen bis zu einem festgelegten Mal (Reifen), Seil hineinlegen, zurücklaufen, die nächste abschlagen, die ihrerseits zum Reifen läuft und zurück Seilhüpfen ausführt.

3. Dreibeinlaufen: Jeweils zwei Spieler binden sich die Innenfüße aneinander. Auf Zuruf laufen die Paare nacheinander gemeinsam um ein Mal und schlagen dann das nächste Paar ab.

6

Vielseitiger Reifen

Abb. 202

Abb. 203

Abb. 204

A. Aufwärmen

Lebhafter Beginn

Reifen liegen gleichmäßig am Boden verteilt:

Lauft in Kurven um alle Reifen.

Einen Kreis um jeden Reifen laufen.

Mit einem Fuß in jeden Reifen treten.

Alle Reifen überhüpfen.

Mit Musikende in eigenen/irgendeinen Reifen springen.

Mit Musikende am/im Reifen eine selbsterdachte Übung mit dem Reifen ausführen.

Alle Reifen ständig zwirbeln.

Als Abschluß einen Reifen zwirbeln, dann schnell an den Hallenwänden in den Schneidersitz senken und ruhig hören und beobachten, bis der letzte Reifen still liegt.

Reifen liegen mit Abstand auf der Kreislinie:

Reifen zwirbeln (4 Takte), vier Hüpfschritte zum nächsten Reifen.

Acht Hüpfschritte um den Reifen, acht Gehschritte zum übernächsten Reifen.

Eine Übung im Reifen ausführen (8 Takte, z. B. zweimal Kniebeugen), acht Hüpfschritte zum übernächsten Reifen.

Mit dem Reifen von einem Hallenende zum anderen:

Reifen rollen, überholen, rollen usw.

Reifen rollen, ihn umlaufen, rollen usw.

Reifen hochwerfen und fangen (einhändig senkrecht/beidhändig waagerecht).

Bei jedem zweiten/dritten Schritt Durchschlag des Reifens (Seilhüpfen).

Viermal im Laufen Durchschlag, viermal am Ort.

Reifen beidhändig gefaßt in Hochhalte: Zwei Nachstellschritte links mit zweimaligem Rumpfseitbeugen links. Gegengleich.

B. Gymnastik mit dem Reifen

a) In der Bauchlage

Reifen, beidhändig gefaßt, heben und senken, dann Rumpfbeugen links und rechts (dabei Beine grätschen).

Klatschübungen, Reifen liegt vor dem Körper:

Ständiges Klatschen im Reifen: linke Hand – rechte (langsam), linke Hand, rechte, linke (schnell). Gegengleich.

Klatsch der linken Hand im Reifen, Klatsch links neben dem

Abb. 205

Abb. 206

Abb. 207

Abb. 208

Körper, dreimal Klatsch links in Oberschenkelhöhe (langsam - langsam - schnell - schnell - schnell). Gegengleich.

Klatsch mit beiden Händen gleichzeitig links vom Reifen und rechts *(Abb. 202).*

b) Im Kniesitz und Kniestand

Reifen beidhändig in Hochhalte fassen und Sitz links neben die Beine, Reifen in Gegenrichtung führen. Gegengleich *(Abb. 203).*

Rumpfseitbeugen mit leichtgegrätschten Knien.

Oberkörper gestreckt rückbeugen.

Linkes Bein vorstellen, Vorfedern mit Führen des Reifens hinter den Körper; Sitz auf der rechten Ferse mit Vorführen des Reifens zum linken Fuß (Spannen und Entspannen).

Rechtes Bein gestreckt seitstellen, linke Hand in Wadenhöhe aufstützen und mit rechts gefaßten Reifen großen Kreis um den ganzen Körper beschreiben.

c) In der Rückenlage

Reifen beidhändig fassen, Füße in den Reifen stemmen und Heben in den Schwebesitz.

Reifen liegt beidhändig gefaßt hinter dem Kopf am Boden: Gleichzeitig Reifen und Beine heben, Reifen über Beine stülpen, Beine senken *(Abb. 204)* und Rückbewegung.

Rückrollen und Füße in den Reifen stellen.

d) Im Schneidersitz

Sitz im Reifen und Reifen beidhändig gefaßt heben und senken.

Reifen in Hochhalte und Trichterkreisen *(Abb. 205).*

Reifen in Hochhalte und Rückführen (spannen), Vorbeugen (entspannen).

e) Im Strecksitz

Reifen in Hochhalte beidhändig gefaßt, langsame Rückenlage und Aufrichten in den Sitz.

Anschließend Rumpfbeugen vorwärts mit Drehung links und rechts.

Reifen beidhändig gefaßt in Vorhalte: Beine anziehen, durch den Reifen strecken und Rückbewegung *(Abb. 206).*

f) Im Seitgrätschsitz

Reifen liegt zwischen den Beinen: Mit dem linken, rechten Ellenbogen und mit beiden in den Reifen tippen *(Abb. 207).*

Reifen beidhändig gefaßt hinter den Rücken führen, Verharren, Rückbewegung.

Reifen beidhändig waagerecht gefaßt: Reifen nach links führen, linkes Bein zum Reifen heben und gegengleich.

g) Im Hocksitz

Reifen steht beidhändig gefaßt senkrecht am Boden vor den Füßen: Mit den Füßen einen Kreis am Reifen beschreiben *(Abb. 208).*

Der Reifen liegt vor den Füßen, Fußspitzen stehen im Reifen, Hände aufstützen: Linkes Bein hochstrecken und zurück, rechtes hochstrecken und zurück, beide Beine hochstrecken, Senken in den Grätschsitz und zweimal mit beiden Ellenbogen in den Reifen tippen. Rückbewegung.

Abb. 209

Abb. 210

Abb. 211

h) Im Seitgrätschstand

Reifen beidhändig gefaßt in Hochhalte: Rumpfseitbeugen links und rechts mit und ohne Nachfedern.

Reifen beidhändig gefaßt, leichtes Rumpfstreckbeugen vorwärts.

Reifen mit Gewichtverlagern nach links und rechts führen *(Abb. 209).*

i) Im Stand

Reifen beidhändig in Schrägvorhalte: Durchhüpfen *(Abb. 210).*

Reifen steht beidhändig gefaßt vor dem Körper: Beine abwechselnd darüber spreizen.

Standwaage mit Stütz auf den Reifen.

Reifen steht neben dem Körper am Boden: Durchschlüpfen.

Reifen hochwerfen, fangen (einhändig, beidhändig, waagerecht, senkrecht).

Schwingen des Reifens vor dem Körper (Gewichtsverlagern nach links und rechts).

Schwingen des Reifens neben dem Körper (Übergabe des Reifens vorn/hinten).

Reifen beidhändig gefaßt in Hochhalte: Rumpfseitdrehen mit Blick über die Schulter (eventuell mit Seitschritten).

C. Partnerübungen mit einem Reifen

Stand nebeneinander, Reifen senkrecht vor dem Körper mit den Außenhänden gefaßt: Acht Laufschritte vorwärts, dann schlüpft A durch den Reifen. Wechseln *(Abb. 211).*

Abb. 212

Abb. 213

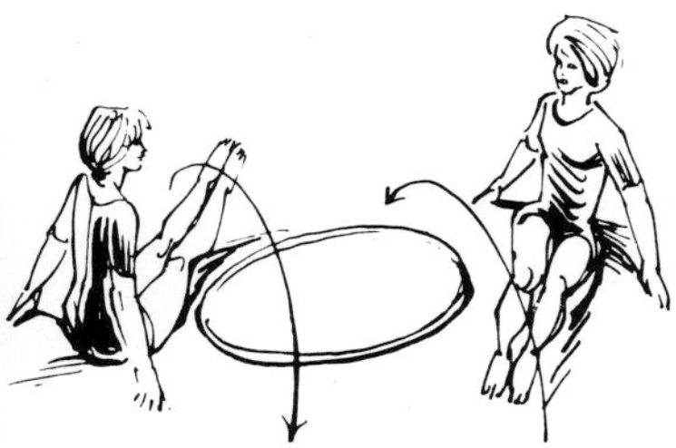

Abb. 215

Abb. 216

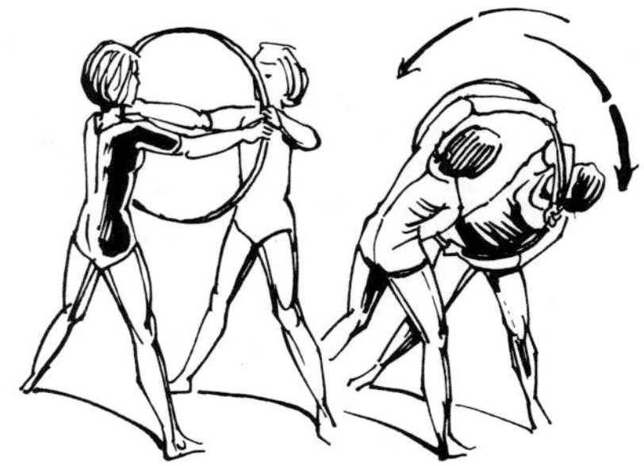

Abb. 217

Erschwerung: Acht Laufschritte, beide schlüpfen gleichzeitig durch den Reifen (mit den Innenbeinen beginnen).

A trägt den Reifen beidhändig gefaßt, B läuft nebenher: Acht Laufschritte, A stülpt den Reifen über B und legt ihn auf den Boden (4 Takte), B springt aus dem Reifen und übernimmt ihn (4 Takte). Wechseln *(Abb. 212).*

Stand gegenüber, Reifen beidhändig gefaßt: Viermal Seitgalopp, gemeinsam Hocke und Stand (4 Takte).

Stand gegenüber, Reifen beidhändig gefaßt: Viermal Seitgalopp, unter dem Reifen durchwinden (4 Takte, *Abb. 213).*

Stand gegenüber, Reifen mit gegen Laufrichtung zeigender Hand gefaßt: Viermal Seitgalopp, vier Schritte nebeneinander gehen, viermal Seitgalopp (Rücken an Rücken), vier Schritte nebeneinander gehen.

Abb. 214

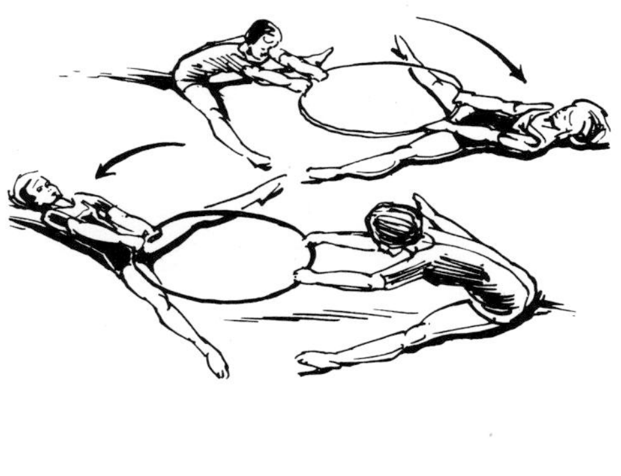

Bauchlage gegenüber: Gemeinsam Reifen heben und senken.

Grätschsitz gegenüber: Reifen beidhändig gefaßt, Rückenlage und Sitz im Wechsel *(Abb. 214).*

Reifen liegt auf den Füßen: Gemeinsames Heben und Senken.

Reifen liegt zwischen den Beinen: Klatsch mit rechter Hand rechts neben dem Körper, Klatsch mit rechter Hand in rechte Partnerhand. Gegengleich. Dann dasselbe zweimal mit beiden Händen gleichzeitig.

Reifen liegt am Boden, Sitz gegenüber, Beine geschlossen rechts vom Reifen: Linkes Bein gestreckt nach links legen, rechtes Bein danach, beide Beine geschlossen zurück nach rechts *(Abb. 215).*

Kniegrätschstand Rücken an Rücken, Arme in Hochhalte, A mit Reifen: Oberkörper mit Reifen vortief senken, B im Kniesitz Klatsch mit den Händen neben dem Körper am Boden. A und B gleichzeitig Aufrichten und Reifen über den Kopf übergeben. Wechsel.

Stand gegenüber: Reifen beidhändig gefaßt zur Partnerin werfen.

Pendelschwingen rechts und links und Werfen im Wechsel, Reifen zurollen.

Werfen und Rollen kombinieren *(Abb. 216).*

A zweimal durch den Reifen hüpfen, rollen zu B.

Grätschstand gegenüber, Reifen beidhändig gefaßt (Lenkrad): Rumpfseitbeugen *(Abb. 217).*

Abb. 218

Abb. 219

Grätschstand nebeneinander, Innenfüße berühren sich, Drehen des Oberkörpers nach außen, Hochhalte der Arme mit beidhändig gefaßtem Reifen: Viermal federndes Durchdrücken des Oberkörpers, Rumpfbeugen schrägvor mit Senken des Reifens und Wiederaufrichten (4 Takte).

Reifen rechts waagerecht gefaßt: In Dreierschritten mit dem Reifen im Kreis gehen.

Reifen liegt auf dem Boden, A steht im Reifen, B gegenüber, die Hände gefaßt: A links aus dem Reifen hüpfen mit geschlossenen Beinen und zurück, rechts aus dem Reifen hüpfen und zurück, nochmals links und zurück, dann rückwärts aus dem Reifen springen, wobei B gleichzeitig in den Reifen springt. Gegengleich *(Abb. 218)*. Sprich: links – Mitte – rechts – Mitte – links – Mitte – raus.

D. Partnerübungen mit zwei Reifen

Stand gegenüber: An jeder Körperseite die senkrecht erfaßten Reifen schwingen.

Reifen gleichzeitig rechts werfen, links fangen.

Reifen gleichzeitig rechts rollen, links übernehmen. Er-

Abb. 220

Abb. 221

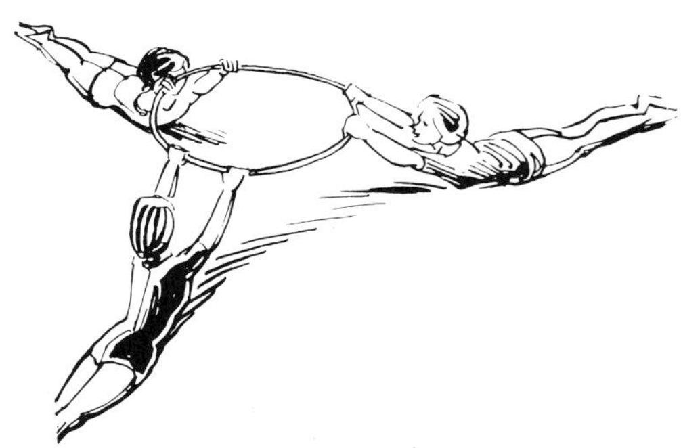

Abb. 222

Abb. 223

schweren durch Übergabe des Reifens hinter dem Rücken, oder A wirft, B rollt den Reifen. Wechsel.

Stand gegenüber, Reifen beidhändig gefaßt in Hochhalte: Reifen rechts tief- und rückschwingen, Vorschwung mit Wurf zur Partnerin. Fangen des Partnerreifens links und Hochhalte *(Abb. 219).*

Reifen liegen mit 2 m Abstand am Boden, Stand versetzt gegenüber: Sprung in den Reifen, rückwärts hinaus, zweimal Seitgalopp zum Partnerreifen.

E. Mehrere Teilnehmerinnen im Reifen

Alle Reifen liegen in der Halle verteilt am Boden.

In Kurven um alle Reifen laufen. Bei Musikende springen, je nach Zuruf, ein, zwei, drei oder vier Teilnehmerinnen in einen Reifen und führen folgende Übungen aus:

Eine Teilnehmerin:

a) Den Reifen umhüpfen *(Abb. 220).*

b) Durchschlagen wie Seilhüpfen *(Abb. 220).*

c) Reifen kreiseln und hineinspringen.

Zwei Teilnehmerinnen:

a) Kutsche.

b) Reifen zurollen.

c) Reifen zuwerfen.

Drei Teilnehmerinnen:

a) Stand um liegenden Reifen. A, B, C springen der Reihe nach hinein und hinaus, dann alle drei schnelle Klatscher. Sprich: reinraus – reinraus – reinraus – klatschklatsch – klatsch.

b) Bauchlage (Stern): Reifen gemeinsam heben und senken *(Abb. 221).*

c) Reifen beidhändig gefaßt, vier Seitgaloppschritte im Kreis, dann Hocke mit Hochhalte des Reifens, zurück in die Ausgangsstellung.

Vier Teilnehmerinnen:

a) Sitz, Reifen beidhändig gefaßt: Rollender Kreis.

b) A und B halten Reifen senkrecht, C und D schlüpfen gemeinsam durch und umlaufen ihre Partnerinnen *(Abb. 222).*

c) Stand, Reifen beidhändig gefaßt: Zweimal linken Fuß vor und zurück, zweimal rechten Fuß vor und zurück, vier Seitgaloppschritte, dreimal Schlußhüpfen am Ort. Gegengleich. Sprich: zweimal links, zweimal rechts, Seitgalopp und hopphopphopp.

F. Partnerübungen mit Ball und Reifen

1. A und B halten den Reifen links waagerecht gefaßt: A wirft den Ball rechts von unten hoch durch den Reifen zu B. Wechsel.

Verbinden mit Dreierschritt (sprich: Durchwerfen – Fangen – Dreierschritt – Dreierschritt = 1, 2, 3 – 1, 2, 3 – 1, 2, 3 – 1, 2, 3).

2. A hält den Reifen beidhändig gefaßt in Hochhalte, B wirft den Ball durch den Reifen und fängt ihn wieder *(Abb. 223).*

Variationen: A hält den Reifen in verschiedenen Höhen.

B wirft den Ball im Vorwärtslaufen durch alle Reifen.

B wirft den Ball durch alle Reifen in verschiedenen Höhen.

Alles im Laufen ausführen (auch A).

B wirft den Ball durch den Reifen, fängt ihn und läuft an den Ausgangspunkt zurück.

3. A und B stehen nebeneinander, Innenhände fassen dicht nebeneinander den senkrechten Reifen, Außenhände werfen sich durch den Reifen den Ball zu *(Abb. 224)*.

A hochwerfen – fangen, hochwerfen – fangen, dann werfen zu B.

Beim ersten Hochwerfen macht A ½ Drehung, faßt den Reifen mit der Wurfhand und fängt den Ball mit der neuen Außenhand. Beim zweiten Hochwerfen führt B dieselbe Bewegung ohne Ball aus. Dann wirft A den Ball zu B.

A durchwerfen, B fangen, B hochwerfen und mit ½ Drehung fangen, hochwerfen, fangen (A ½ Drehung). Gegengleich *(Abb. 225)*.

4. A hält den Reifen beidhändig gefaßt waagerecht in Oberschenkelhöhe, B prellt den Ball im Reifen *(Abb. 226)*.

Variationen: B prellt viermal, schneller Reifengriffwechsel, A übernimmt Ball und geht mit vier Hüpfschritten zum nächsten Reifen *(Abb. 226)*.

B prellt viermal, Griffwechsel, A prellt viermal, acht Hüpfschritte zum nächsten Reifen.

G. Tänze und Spiel mit den Reifen

Reifentanz (Klapptanz, Calig 17704)

Drei bis fünf Teilnehmerinnen an einem Reifen. Offene Aufstellung.

1–16	Reifen rechts gefaßt, acht Hüpfschritte nach links, gegengleich *(Abb. 227)*.
17–24	Reifen beidhändig gefaßt, achtmal Federn am Ort, dabei zweimal linken Fuß vortippen und zweimal rechten.
25–31	Vier Seitgaloppschritte links und drei Schlußhüpfer am Ort.
32	Einen Takt Pause.
33–48	Wie 17–32 gegengleich, bei Takt 48 Reifen ablegen.
49–64	Geh- und Hüpfschritte um alle Reifen, bei 64 neue Aufstellung, der Tanz beginnt von vorn, insgesamt drei Durchgänge.
	Variation beim zweiten Durchgang: A steht im beidhändig gefaßten Reifen, Rücken am Reifen angelehnt, B steht außen gegenüber, Reifen beidhändig gefaßt, Tanz wie 1–48, die übrigen klatschen dazu im Takt.

Reifentanz

Zwei bis drei Teilnehmerinnen an einem Reifen, offene Auf-

Abb. 224

Abb. 225

Abb. 226

stellung. Der Reifen liegt am Boden, die Teilnehmerinnen stehen um den Reifen, eventuell mit Handfassung.

Der Tanz besteht aus zwei Teilen:

A: Acht Hüpfschritte links herum, acht Hüpfschritte rechts herum.

B: Figuren.

A und B wechseln regelmäßig ab.

Figuren:

1.: Linken Fuß in Reifen (1 Ton), zurück (1 Ton).

2.: Linken, dann rechten Fuß in Reifen (2 Töne), zurück (1 Ton).

3.: Linken, rechten Fuß, Kniestand links (3 Töne), zurück (1 Ton).

4.: Linken, rechten Fuß, linkes Knie, rechtes Knie (4 Töne), zurück (1 Ton).

5.: Linken, rechten Fuß, linkes Knie, rechtes Knie, linker Ellenbogen (5 Töne), zurück (1 Ton).

6.: Linken, rechten Fuß, linkes, rechtes Knie, linker Ellenbogen, rechter Ellenbogen (6 Töne), zurück (1 Ton).

7.: Linken, rechten Fuß, linkes Knie, linker Ellenbogen, rechter Ellenbogen, Kopf (7 Töne), zurück (1 Ton, *Abb. 228).*

Der Tanz schließt mit den Hüpfschritten.

Ebenfalls passende Musik: Widewidewitt, wir wollen tanzen, widewidewitt, wir tanzen so ...

Abb. 227

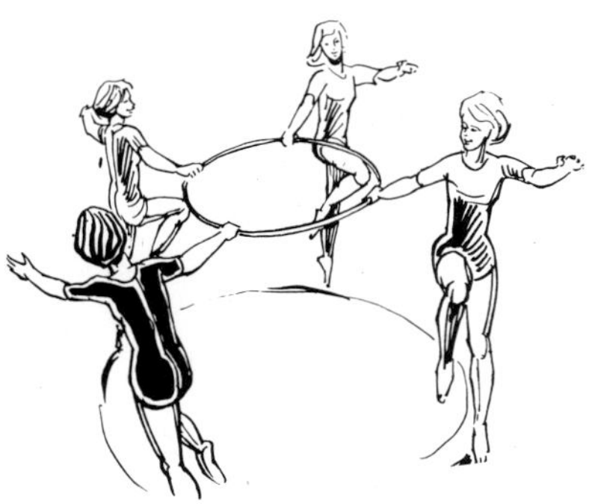

Abb. 229

Reifentanz

A steht im beidhändig gefaßten Reifen als „Pferd“, B steht hinter dem beidhändig gefaßten Reifen als „Kutscher“. Offene Aufstellung.

Der Tanz besteht aus zwei Teilen:

A: Zweimal 16 Laufschritte.

B: Zwischenspiel: Der „Kutscher“ läßt „Pferd und Kutsche“ stehen und holt sie am Ende des Zwischenspieles wieder.

Ablauf: A – B – A – B (während des Pausenzeichens knallen/klatschen) – A – B (ein neues Pferdchen suchen, *Abb. 229)* – A – B (wieder ein neues Pferdchen suchen) – A.

Abb. 228

Abb. 230

Abb. 231

Reifenspiele

1. Alle Reifen liegen verteilt am Boden (zwei weniger als Teilnehmerinnen). Zur Musik um alle Reifen laufen, mit Musikende Sprung in einen Reifen. Wer keinen Reifen bekommt, scheidet aus.

2. Kreisaufstellung nebeneinander, Reifen steht beidhändig gefaßt am Boden: Reifen zur rechts Stehenden rollen, den von links kommenden übernehmen. Steigerung: Durchschlüpfen der Reifen vor dem Abrollen *(Abb. 230)*. Rollen drei Takte, Fassen drei Takte, Durchschlüpfen sechs Takte. Sprechhilfe: und rollen – und – fassen – und unten durchschlüpfen.

3. Flankenkreis rechts, Abstand ca. 1 m, Reifen links gefaßt neben dem Körper: Reifen links rückschwingen und abgeben, rechts vorn Reifen übernehmen. Reifen rechts rückschwingen und abgeben, links vorn Reifen übernehmen.

4. Reifen liegen in „Himmel und Hölle"-Formation: Fortbewegung ausdenken, z. B. Grätsch und Schlußsprünge *(Abb. 231)*.

5. Staffeln: Reifen über Kopf führen, aussteigen, weitergeben. Mit Reifen „Seilhüpfen" um festgelegte Marke oder bei Marke ablegen, zurücklaufen, Nächsten abschlagen, dieser holt Reifen zurück.

7

Gymnastik mit dem und am Tau (Lang- und Rundtau)

A. Aufwärmen am Langtau

Stand hintereinander, Tau links gefaßt: In Kurven gehen, hüpfen, laufen.

Tau links gefaßt in Hochhalte, vier Schritte im Ballengang, dann Tau in Tiefhalte und vier Schritte im Fersengang. Gegengleich *(Abb. 232)*.

Tau beidhändig gefaßt in Hochhalte im Ballengang tragen.

Tau links gefaßt in Tiefhalte zwei Schritte gehen, dann zwei Schritte im Ballengang mit Tauübergabe in Hochhalte nach rechts. Gegengleich.

Tau links gefaßt in Hochhalte: Acht Schritte gehen oder laufen, dann ½ Drehung links mit Übergabe des Taues in Hochhalte nach rechts. Gegengleich.

Dasselbe, aber nach Tauübergabe nach rechts acht Schritte rückwärts gehen.

Tau links gefaßt vorwärtslaufen, mit Musikende schnell aufgerufene Stellung einnehmen, ohne das Tau loszulassen und ohne Bodenberührung des Taues (Hockstellung, Bauchlage, Schneidersitz usw.).

Tau links gefaßt acht Laufschritte, dann bis auf die erste und letzte Turnerin Taufassung lösen, das tiefgehaltene Tau überhüpfen und rechts fassen (4 Takte). Gegengleich.

Dasselbe, aber unter dem straffgehaltenen Tau durchschlüpfen.

Tau links gefaßt acht Laufschritte, dann bis auf die erste und letzte Turnerin Taufassung lösen, unter dem höhergehaltenen Tau durchschlüpfen und sofort über das tiefgehaltene Tau zurückhüpfen (8 Takte, *Abb. 233)*.

Acht Laufschritte, dann bis auf die erste und letzte Turnerin Taufassung lösen, 1/1 Umdrehung am Ort ausführen und erneut Taufassung links. Gegengleich.

Tau hängt zwischen den Beinen, beidhändig vor dem Körper gefaßt: Tiefgebeugt vor- und rückwärts gehen.

B. Gymnastik am Lang- und Rundtau

a) In der Bauchlage

Nebeneinanderliegend das Tau beidhändig gefaßt in Hochhalte: Tau mit Aufrichten des Oberkörpers heben und senken.

Dasselbe, aber anschließend Tau loslassen, 1/1 Körperdrehung links ausführen, Tau fassen. Gegengleich.

Tau mit Aufrichten des Oberkörpers heben, auf den Nacken senken. Rückbewegung.

Abb. 232

Abb. 233

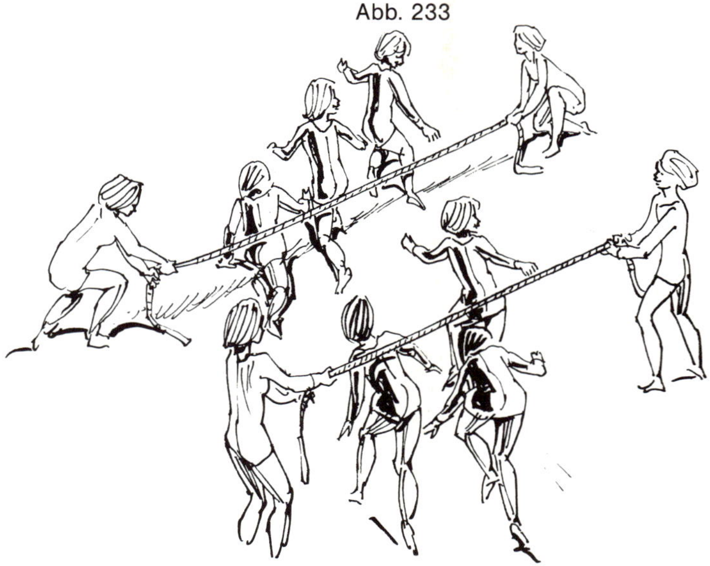

Abb. 234

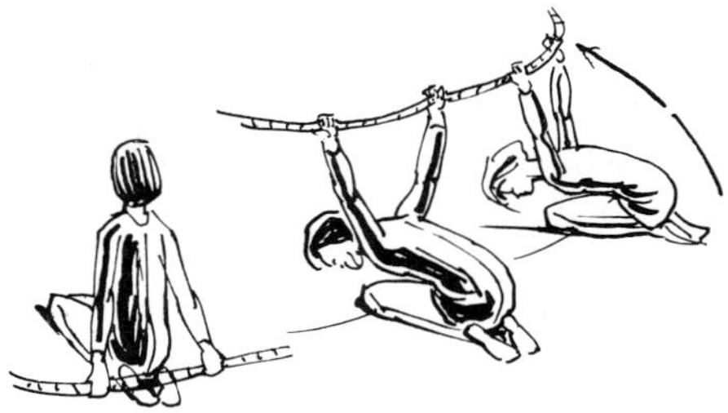

Abb. 235

Tau heben und senken, dann Beine grätschen und schließen.

In der Bauchlage hintereinander neben dem Tau: In den Liegestütz heben, über das Tau mit Händen und Füßen seitgehen und auf der anderen Tauseite Bauchlage. Gegengleich.

A Liegestütz, die Füße über dem Tau, B Stand vor dem beidhändig gefaßten Tau: Tau heben und senken.

b) Im Kniesitz

Tau beidhändig gefaßt in Tiefhalte: Mit dem Tau Hoch- und Tiefhalte im Wechsel.
Dasselbe, aber bei „Tauhochhalte“ Kniestand ausführen.

Beide Übungen verbinden: Tauhoch- und Tautiefhalte, Tauhochhalte mit Kniestand und Tiefhalte, Kniesitz *(Abb. 234).*

Tau beidhändig gefaßt mit angewinkelten Armen in Brusthöhe: Vorhalte, Rückbewegung, dann Hochhalte mit Kniestand und Rückbewegung.

Kniesitz neben dem Tau (beim Taukreis innen), Tau links gefaßt: Kniestand mit Tauübergabe in Hochhalte nach rechts, Kniesitz und Tiefhalte. Gegengleich.

Kniesitz mit dem Rücken zum Tau (beim Taukreis innen), Tau beidhändig auf dem Rücken gefaßt: Oberkörper vortiefsenken und gleichzeitig Tau rückhochführen, mit und ohne Zwischenfedern. Rückbewegung *(Abb. 235).*

c) Im Kniestand

Nebeneinander vor dem Tau, das Tau beidhändig gefaßt in Vorhalte: Steifes Rückbeugen des Körpers (Körper und Oberschenkel bilden eine Linie), Rückbewegung.

Tau beidhändig gefaßt in Tiefhalte: Gemeinsames Tauschwingen nach links und rechts.

Dasselbe im Kniegrätschstand und Mitschwingen in den Knien.

Ganze Armkreise mit dem Tau ausführen.

Beide Übungen verbinden: Schwingen nach links, nach rechts, dann 1 ½ Armkreis nach tieflinks beginnend ausführen (bis in die Seithalte links). Gegengleich.

Alle A Tau beidhändig gefaßt in Tiefhalte, alle B Stand hinter dem Tau: Tau überhüpfen, ½ Drehung.

Alle A-Teilnehmer das Tau beidhändig gefaßt in Hochhalte, alle B Stand hinter dem Tau. Unter dem Tau durchschlüpfen, ½ Drehung.

Beide Übungen verbinden: Erst über das tiefgehaltene Tau hüpfen, dann unter dem hochgehaltenen Tau durchschlüpfen.

d) In der Rückenlage

Tau beidhändig gefaßt in Hochhalte: Abwechselnd Tief- und Hochhalte ausführen.

Tau beidhändig gefaßt in Hochhalte: Gleichzeitig Tau und linkes Bein in die Vorhalte führen. Rückbewegung und gegengleich.

Tau von der Hoch- in die Tiefhalte führen und gleichzeitig linkes Bein durchhocken. Rückbewegung und gegengleich.

Tau von der Hoch- in die Tiefhalte führen, gleichzeitig beide Beine durchhocken, in die Vorhalte strecken und langsam senken. Rückbewegung.

A-Füße liegen auf dem Tau, B Stand hinter dem Tau, Tau beidhändig gefaßt in Tiefhalte, A: Becken heben und senken.

e) Im Strecksitz

Tau beidhändig gefaßt in Hochhalte: Rumpfvorbeugen und Rückbewegung mit und ohne Zwischenfedern.

Tau beidhändig gefaßt in Vorhalte: Linkes Bein durchhokken, Rückbewegung und gegengleich.

Beide Beine durchhocken und Rückbewegung.

Abwechselnd Strecksitz mit Tauvorhalte und Rückenlage mit Tauhochhalte.

Beide Beine durchhocken und sofort in die Rückenlage rollen mit Führen der Beine auf den Boden hinter dem Kopf. Rückbewegung *(Abb. 236).*

f) Im Hocksitz

Das Tau liegt vor den Füßen am Boden, links Ballenstand, rechte Ferse steht auf der anderen Tauseite: Ständiger Wechsel.

Hocksitz neben dem Tau, linke Schulter dem Tau zugewendet: Linker Fuß tippt links, dann rechts vom Tau auf den Boden, anschließend im selben Tempo beide Beine dasselbe, dann ½ Drehung ausführen. Gegengleich.

g) In der Hockstellung

Das Tau beidhändig gefaßt in Vorhalte: Aufrichten in den Stand mit Tauhochhalte, Rückbewegung.

Beine gegrätscht, Tau beidhändig gefaßt in Vorhalte, straff gespannt: Seithüpfen nach links. Gegengleich.

Hockstellung hintereinander, linke Schulter zum Tau: Tau links aufnehmen, im Ballenstand in der Hochhalte übergeben, Hockstellung und rechts ablegen. Gegengleich.

Tau auf linke Schulter legen, links gefaßt: Mit geschlossenen Beinen vorwärts hüpfen.

Dasselbe, aber vorwärts gehen.

Vier Schritte oder Hopser vorwärts, dann Stand mit Übergabe des Taues in der Hochhalte nach rechts. Tau auf rechte Schulter senken, Hockstellung und gegengleich.

Alle A Tauhochhalte, alle B in der Hockstellung unten durchgehen. Wechseln.

h) Im Stand

Stand nebeneinander, Tau beidhändig gefaßt in Tiefhalte: Linkes Bein übersteigt das Tau vor- und rückwärts. Gegengleich.

Erst linkes, dann rechtes Bein vorwärts übersteigen, Rückbewegung.

Linkes, dann rechtes Bein vorwärts übersteigen, vier Schritte in den Kreis gehen, linkes, dann rechtes Bein rückwärts übersteigen, vier Schritte rückwärts gehen.

Linkes Bein im Tau einhängen, vier Hopser mit rechtem Bein in den Kreis, linkes Bein aushängen, vier Schritte rückwärts gehen. Gegengleich.

Tau beidhändig gefaßt mit angewinkelten Armen (Brusthöhe): Ständig federnd hüpfen, dabei Vorhalte, Rückbewegung, Hochhalte, Rückbewegung, dasselbe nochmal (8 Takte), dann links Seithalte, Rückbewegung, rechts Seithalte, Rückbewegung, dasselbe nochmal.

Tau beidhändig gefaßt in Hochhalte: Rumpfvorbeugen mit geradem Rücken, bis Oberkörper und Beine einen rechten Winkel bilden. Langsam ausführen. Rückbewegung.

Dasselbe mit Zwischenfedern ausführen.

Stand hintereinander, linke Schulter zum Tau, Tau links gefaßt in Tiefhalte: Ballenstand mit Tauübergabe in Hochhalte nach rechts. Tiefhalte, Stand und gegengleich.

Tau links gefaßt in Hochhalte: In der Tiefhalte links Tau nach links übersteigen, Griffwechsel und Hochhalte rechts. Gegengleich.

Tau links gefaßt in Hochhalte: In der Tiefhalte links Tau nach links übersteigen, Griffwechsel und in der Hochhalte erneut nach links übergeben.

Abb. 236

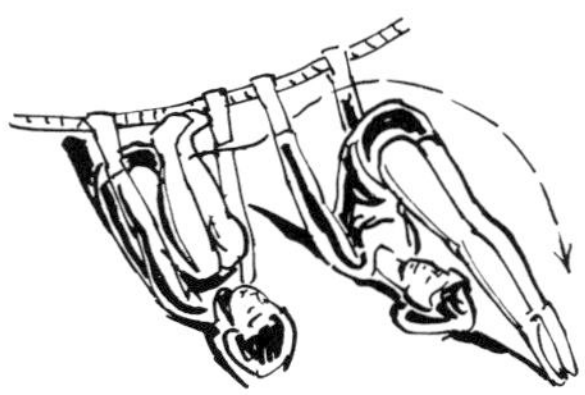

Tau liegt links am Boden: In der Hockstellung das Tau links fassen, im Ballenstand mit Hochhalte nach rechts übergeben, in der Hockstellung rechts ablegen. Sofort Schlußsprung über das Tau.

Seitgrätschstand hintereinander, Tau beidhändig gefaßt in Hochhalte: Gemeinsames Rumpfvor- und -rückbeugen.

Gemeinsames Rumpfseitbeugen links und rechts.

Tau liegt am Boden: Schlußsprünge vor- und rückwärts über das Tau mit und ohne Zwischenfedern.

3/4-Takt: Tau beidhändig aufnehmen (1, 2, 3), Stand mit Hochhalte (1, 2, 3), Tau ablegen (1, 2, 3), Tau mit 1/2 Drehung überhüpfen (1, 2, 3).

Linker Fuß steht auf der anderen Tauseite: Schrittwechselhüpfen mit und ohne Zwischenfedern.

Stand hinter dem Tau: Erst linker, dann rechter Fuß „tip" auf der anderen Tauseite, dann mit Zwischenfedern Schlußsprung vor- und rückwärts über das Tau.

Ohne Zwischenfedern Schlußsprung vor- und rückwärts über das Tau, einen Nachstellschritt nach links. Gegengleich.

Schlußsprung über das Tau mit Zwischenfedern, einen Nachstellschritt links, Schlußsprung rückwärts über das Tau mit Zwischenfedern, einen Nachstellschritt rechts.

Stand hintereinander neben dem Tau: Schlußsprünge seit über das Tau mit und ohne Zwischenfedern (am Ort oder am Tau entlang). Dasselbe auf einem Bein.

Grätschstand hintereinander über dem Tau: Schlußsprung in den Stand mit gekreuzten Beinen, Grätschsprung mit und ohne Zwischenfedern.

Dasselbe, aber je einen Sprung mit Zwischenfedern, dann je zwei Sprünge ohne Zwischenfedern (langsam – langsam – schnell – schnell – schnell).

Auf dem Tau entlangbalancieren vor- und rückwärts.

Auf dem Tau mit Nachstellschritten entlanggehen. „Bordsteinlaufen": Linker Fuß im Ballengang neben dem Tau, rechter Fuß flach auf dem Tau.

Stand neben dem Tau, linke Schulter zum Tau: Rechten Fuß links vom Tau aufstellen und sofort gegengleich (Storchengang).

Auf Händen und Füßen vorwärtsgehen, Tau liegt zwischen den Händen und zwischen den Füßen.

Dasselbe im Liegestütz rücklings.

Auf Händen und Füßen vorwärtsgehen, aber mit den Füßen Zickzackschlußsprünge ausführen.

Auf Händen und Füßen gleichzeitig Nachstellschritte seit, Tau liegt zwischen Händen und Füßen.

Stand hintereinander, linke Schulter zum Tau: Um das Tau herumgehen, auf Zuruf schnell Richtungswechsel.

Dasselbe, aber auf Zuruf schnell Tau hochheben, unten durchschlüpfen, ablegen und in derselben Richtung weitergehen. Beide Kommandos kombinieren, also „Untendurch" und „Kehrt" im unregelmäßigen Wechsel.

C. Übungen am Rundtau

Bauchlage nebeneinander, Tau beidhändig gefaßt: Tau ohne Bodenberührung ununterbrochen nach links herumgeben. Gegengleich.

Dasselbe im Kniesitz, aber auf Zuruf Richtungswechsel.

Dasselbe in der Rückenlage unter dem gehobenen Becken (Beine angewinkelt).

Tau im Strecksitz nach links herumgeben, auf Zuruf in Hoch- oder Vorhalte.

Tau im Hocksitz unter den Beinen nach links herumgeben, auf Zuruf Richtungswechsel.

Tau straff gespannt beidhändig gefaßt: Im Wechsel Stand und Hocksitz.

Tau im Hocksitz auf die Füße legen: Beine vorhochstrecken bis das Tau gespannt ist und senken.

In der Hockstellung alle A Tau beidhändig gefaßt in Hochhalte, alle B in Kurven in der Hocke um alle A herumgehen. Wechseln.

Alle B: Im Wechsel unter dem hochgehaltenen Tau hindurchgehen und über das tiefgehaltene Tau hüpfen.

Stand nebeneinander, das straff gespannte Tau beidhändig gefaßt, Arme gestreckt: Seitgalopp.

Vier Seitgaloppschritte, dann Hocksitz und Stand.

Vier Seitgaloppschritte, alle A Stand, alle B Taufassung lösen und nach links zum nächsten B-Platz laufen (4 Takte). Wechseln.

Acht Seitgaloppschritte, alle A Stand, alle B unter dem Tau hindurch in den Innenkreis schlüpfen, 1/2 Drehung und nach links zum nächsten B-Platz laufen, nach außen durchschlüpfen, 1/2 Drehung und Tau fassen (8 Takte). Wechseln.

Dasselbe, aber alle B überhüpfen das tiefgehaltene Tau *(Abb. 237).*

Beides kombinieren: Acht Seitgaloppschritte *(Abb. 237),* B schlüpft unter dem Tau in den Kreis und hüpft über das tiefgehaltene Tau wieder hinaus.

Alle A halten das Tau beidhändig gefaßt tief: Alle B in Kurven um alle A laufen, dabei das Tau überhüpfen.

Alle A halten das Tau brusthoch: Alle B in Kurven gebückt um alle A laufen.

Tau beidhändig gefaßt mit angewinkelten Armen in Brusthöhe: Tau ununterbrochen im Kreis herumgeben.

Tau viermal nach links weitergeben, dann Vorhalte, Rückbewegung, Hochhalte, Rückbewegung, Vorhalte, Rückbewegung, Hochhalte, Rückbewegung.

Dasselbe, aber ab „Vorhalte" Übung in federndem Hüpfen ausführen.

Tau auf den linken Fuß legen, auf rechtem Bein rückwärtshüpfen bis das Tau gespannt ist und von Zehen gehalten wird, in den Kreis zurückgehen und gegengleich *(Abb. 238).*

Stand im Taukreis, Tau beidhändig gefaßt in Brusthöhe: Tau kräftig nach außen drücken *(Abb. 239).*

Stand hintereinander neben dem Tau, Tau links gefaßt in Seithalte: Auf der Kreislinie gehen, laufen oder hüpfen *(Abb. 240),* nach acht Schritten oder auf Zuruf Richtungs- und Handwechsel.

16 Laufschritte vorwärts, 16 Laufschritte rückwärts.

Acht Laufschritte vorwärts, dann vier weitere Laufschritte, währenddessen alle B das Tau loslassen, 1/1 Drehung ausführen und das Tau wieder fassen. Wechseln *(Abb. 241).*

Tau liegt auf dem Boden, Stand nebeneinander, Handfassung: Links im Kreis herumgehen, hüpfen oder laufen; auf Zuruf Tau schnell hochnehmen, untendurchschlüpfen, ablegen, überhüpfen, Handfassung.

Stand nebeneinander, Handfassung: Viermal Seitgalopp links, dann einen Schlußsprung vor- und rückwärts über das Tau, beide mit Zwischenfedern.

Viermal Seitgalopp links, Schlußsprung mit Zwischenfedern über das Tau, viermal Seitgalopp links (im Taukreis), dann Schlußsprung rückwärts über das Tau mit Zwischenfedern.

Zweimal Seitgalopp links, Schlußsprung mit Zwischenfedern über das Tau, zweimal Seitgalopp links (im Taukreis), dann Schlußsprung rückwärts über das Tau mit Zwischenfedern.

Abb. 237

Abb. 238

Abb. 239

Abb. 240

Einen Nachstellschritt nach links, dann Schlußsprung vor- und rückwärts über das Tau ohne Zwischenfedern.

Einen Nachstellschritt links, Schlußsprung mit Zwischenfedern über das Tau, einen Nachstellschritt links im Taukreis, dann Schlußsprung rückwärts über das Tau mit Zwischenfedern.

Zwei Nachstellschritte links, dann Schlußsprung vor- und rückwärts über das Tau, beide mit Zwischenfedern.

D. Kleine Spiele am Lang- und Rundtau

Hocksitz nebeneinander, das zusammengeknotete Tau wird unter den Beinen im Kreis herumgegeben. Eine Turnerin in der Mitte versucht den Knoten zu erwischen. Die Turnerin, bei der der Knoten gefunden wird, geht in den Kreis.

Erschwernis: Auf Zuruf wird das Tau mal links, mal rechts herumgegeben.

Abb. 241

Das Tau liegt am Boden, alle Turnerinnen stehen in gleich weitem Abstand zum Tau: Auf Zuruf laufen alle zum Tau, schlüpfen unten durch und setzen sich im Schneidersitz in den Kreis. Wer ist erste *(Abb. 242)?*

Stand nebeneinander, Tau beidhändig gefaßt: In schneller Folge aufgerufene Stellungen einnehmen, ohne das Tau loszulassen.

Erschwernisse: Das Tau darf nie den Boden berühren, Tau dabei ununterbrochen im Kreis herumgeben.

Schneidersitz nebeneinander im Taukreis, Tau beidhändig gefaßt, zu dreien abzählen: Die aufgerufene Zahl läßt das Tau los, kriecht unter dem Tau durch nach außen, läuft im Uhrzeigersinn um den Kreis, hüpft an ihrem Platz angekommen über das Tau. Wer sitzt als erste wieder im Schneidersitz an ihrem Platz? Weitere Ausgangsstellungen ausprobieren!

Das Tau liegt am Boden, alle Turnerinnen gehen, hüpfen oder laufen mit Handfassung um den Kreis herum: Mit Musikende oder auf Zuruf Handfassung lösen, unter dem Tau durchschlüpfen und im Tau aufgerufene Stellung einnehmen. Wer hat diese als erste ausgeführt?

Stand hintereinander, linke Schulter zum Tau, Tau links gefaßt. Im Kreis wirft eine Turnerin den Ball hoch, sofort beginnt der Kreis zu laufen. Wenn die Turnerin den Ball wieder gefangen hat, versucht sie jemanden aus dem laufenden Kreis abzuwerfen. Gelingt ihr dies, darf sie mit ihr den Platz tauschen.

Tauziehen: Das Tau liegt in gerader Linie am Boden, die Mitte wird durch einen Kreidestrich am Boden markiert: Verlierer wird, wer von der gegnerischen Mannschaft über die Mitte gezogen wird oder das Tau losläßt (Ausgangsstellungen: Sitz oder Stand).

Abb. 242

8

Rund um die Langbank

Abb. 243

Abb. 244

Abb. 245

A. Aufwärmen

Die Bänke stehen in größeren Abständen nebeneinander.

In Kurven um alle Bänke gehen, laufen, hüpfen, im Ballen-, Fersengang, in der Hocke. Dabei alle Bänke übersteigen oder überhüpfen. Bei Musikende oder auf Kommando schnell Sitz auf einer Bank.

Über alle Bänke gehen oder laufen, bei Musikende oder auf Kommando Grätschsitz auf der Bank.

B. Gymnastik an der Bank

Vier bis fünf Turnerinnen gleichmäßig an den beiden Bankseiten verteilt.

a) Bauchlage vor der Bank

Hände liegen auf der Bankkante: Oberkörper aufrichten, bis die Arme gestreckt sind, Rückbewegung *(Abb. 243).*

Dasselbe mit Stütz der Hände auf den Boden, anschließend Beine grätschen und schließen.

Die auf den Boden gestützten Hände abstoßen und mit Schwung auf die Bank legen, dort sofort abstoßen und wieder auf den Boden stützen *(Abb. 244).*

Füße liegen auf der Bank: Hände auf den Boden stützen, Winkelliegestütz ausführen (Arme durchstrecken, Becken bis zum rechten Winkel zu den Beinen hochstrecken), dabei Kopf zwischen die Arme senken. Langsame Rückbewegung *(Abb. 245).*

Dasselbe mit Rückhochspreizen eines Beines *(Abb. 246).*

Füße unter die Bankleiste klemmen, Hände in Nackenhalte: Oberkörper heben und senken.

b) Bankstellung vor der Bank

Hände mit ausgestreckten Armen auf die Bank stützen: Den Rücken Wirbel für Wirbel langsam zum Katzenbuckel durchdrücken, dabei Kopf zwischen die Arme nehmen, dann lokker und federnd ins Hohlkreuz fallen lassen, dabei Kopf in den Nacken nehmen.
Abwechselnd die Beine gestreckt rückhoch spreizen.

Linkes Bein stark anwinkeln (Katzenbuckel, Kopf zwischen die Arme), dann rückhoch spreizen, dabei Kopf in den Nacken. Gegengleich *(Abb. 247).*

c) Bankstellung neben der Bank, linke Seite zur Bank

Linkes Bein seitheben und über die Bank strecken. Rückbewegung.

Linkes Bein rückstrecken, gestreckt nach links über die Bank führen und Rückbewegung *(Abb. 248).*

d) Schneidersitz vor der Bank

Arme in Hochhalte: Links, dann rechts Klatsch auf die Bank (2 Takte), beide Arme gleichzeitig in die Hochhalte (2 Takte).

Dasselbe, anschließend zweimal gleichzeitig mit beiden Händen Klatsch auf die Bank (2 Takte), dann beide Arme gleichzeitig in die Hochhalte (2 Takte).

Links Klatsch auf die Bank, dann Hochhalte, gegengleich.

Dasselbe, anschließend mit beiden Händen Klatsch auf die Bank und Hochhalte.

Abb. 246

Abb. 247

Abb. 248

Hände liegen auf der Bank: Linken Arm in Hochhalte und senken, gegengleich (4 Takte, *Abb. 249).*

Dasselbe, anschließend beide Arme ruckartig angewinkelt seitrück führen (2 Takte), Hände langsam auf die Bank legen (2 Takte, *Abb. 249).*

Beide Hände über die Bank halten: Abwechselnd links und rechts auf die Bank klatschen.

Zwei langsame Klatscher, dann vier schnelle Klatscher.

Mit beiden Händen gleichzeitig Klatschen: Vier schnelle Klatscher auf die Bank, zwei langsame Klatscher in die Hände.

Abb. 249

e) Hocksitz vor der Bank

Hände hinten aufstützen: Linkes Bein über die Bank strecken, anhocken. Gegengleich *(Abb. 250).*

Linkes Bein unter der Bank durchstrecken, anhocken. Gegengleich.

Beide Beine über die Bank strecken, anhocken, unter der Bank durchstrecken, anhocken *(Abb. 250).*

Linkes Bein über die Bank strecken, anhocken, unter der Bank durchstrecken, anhocken; anschließend dasselbe mit beiden Beinen gleichzeitig. Gegengleich.

Linken Fuß auf die Bank stellen, Hände hinten aufstützen: Becken heben und senken. Gegengleich.

Abb. 250

Abb. 251

Abb. 252

Abb. 253

Beide Füße auf die Bank stellen: Becken heben und senken. Dasselbe, aber bei „Becken heben“: Linkes Bein vorhochstrecken. Gegengleich *(Abb. 251).*

Hocksitz neben der Bank: ½ Drehung und dabei die Beine mit Schwung über die Bank führen.

f) Strecksitz vor der Bank

Füße auf die Bank legen, Arme in Hochhalte: Rumpf vorbeugen, bis die Hände die Füße berühren. Rückbewegung.

Hände auf den Boden stützen, Füße auf die Bank legen: Bekken heben, dabei Kopf in den Nacken fallen lassen, senken.

Dasselbe, anschließend Arme seithoch- und vorführen, bis die Hände die Füße berühren. Rückbewegung.

Strecksitz neben der Bank, ½ Drehung und dabei die Beine mit Schwung über die Bank führen *(Abb. 252).*

g) Liegestütz vorlings

Hände stützen auf die Bank: Arme beugen und strecken.

Arme abwechselnd im großen Bogen über vorhoch und rück bis an die Oberschenkel führen. Rückbewegung.

Hände nacheinander auf den Boden stützen und wieder auf die Bank *(Abb. 253).*

In die Hocke springen und wieder zurück in den Liegestütz.

Beine abwechselnd gestreckt rückhoch spreizen.

Liegestütz vorlings, Füße stützen auf die Bank: Beine abwechselnd rückhoch spreizen.

Linkes Bein rückhoch spreizen, angehockt auf den Boden stellen, rückhoch spreizen, dann auf die Bank stellen. Gegengleich *(Abb. 254).*

Arme abwechselnd vorhoch in die Hochhalte führen.

Arme abwechselnd seithoch in die Hochhalte führen.

h) Liegestütz rücklings

Füße liegen auf der Bank: Beine abwechselnd gestreckt heben in die Vorhalte und senken.

Beine abwechselnd gestreckt über die Vorhalte in die Seithalte führen. Rückbewegung *(Abb. 255).*

Beine abwechselnd anhocken und strecken.

Beine abwechselnd anhocken und über die Vorhalte wieder an die Bank führen.

Beine abwechselnd anhocken, seitstrecken. Rückbewegung.

i) Rückenlage vor der Bank

Füße liegen auf der Bank: Becken heben und senken.

Dasselbe, aber bei „Becken heben“ abwechselnd die Beine vorhoch spreizen.

Becken heben mit Klatsch in die Hände unter dem Körper, Becken senken und Klatsch in der Hochhalte *(Abb. 256).*

Becken heben, dabei linkes Bein vorhoch spreizen, Rückbewegung. Gegengleich, dann zweimal Becken heben und senken *(Abb. 256).*

Füße unter die Bank klemmen, Arme in Hochhalte: Rumpfvorbeugen, bis die Hände die Füße berühren. Rückbewegung.

Arme in Tiefhalte: Schnelles Rumpfaufrichten mit Hand-

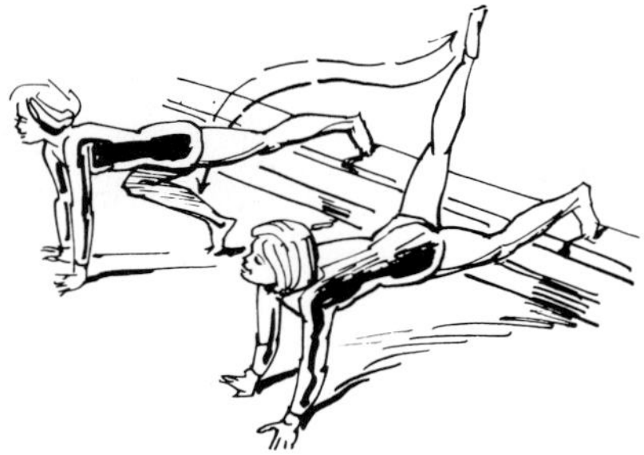

Abb. 254

Abb. 255

klatsch in Hochhalte oder Klatsch auf die Bank. Rückbewegung.

Rückenlage vor der Bank, Hände fassen locker die Bankkante: Beine gestreckt heben, bis die Füße auf der Bank liegen. Rückbewegung.

Erst Beine, dann Becken heben, bis die Unterschenkel auf der Bank liegen.

j) Hockstellung vor der Bank, Hände stützen auf die Bank

Mit geschlossenen Beinen rück- und wieder in die Hockstellung springen.

Mit vier kleinen Schritten rückwärts gehen, evtl. bis in den Liegestütz, dann vier kleine Schritte vorwärts in die Hocke.

Beine durchstrecken, dann zweimal in der Hocke federn (sprich: Stand [2 Takte] -federn [2 Takte]).

Gleichmäßiger Wechsel zwischen Stand (Hände bleiben auf der Bank) und Hocke.

Dasselbe, aber statt „Stand" kleinen Schlußsprung ausführen.

Beides kombinieren: Stand, Hocke, Schlußsprung und Hokke *(Abb. 257)*.

Beine abwechselnd im Stand rückhoch spreizen und Hockstellung.

Beine abwechselnd im Stand in die Seithalte spreizen.

Beine abwechselnd in der Hocke rückstellen.

Abb. 256

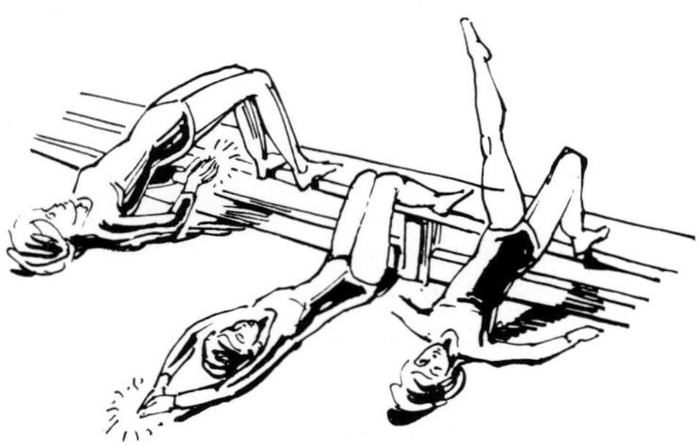

Abb. 257

Abb. 258

Abb. 259

Abb. 260

Dasselbe mit Zwischenfedern.

Rücken zur Bank, Hände auf den Boden stützen: Beine gleichzeitig auf die Bank und wieder zurückhocken.

Beine durchstrecken und dabei abwechselnd über die Bank rückhoch spreizen.

k) Kniesitz vor der Bank

Drei-Takt-Übungen: Klatsch mit beiden Händen gleichzeitig auf die Bank (1, 2, 3), Klatsch im Kniestand in Hochhalte in die Hände (1, 2, 3). Linke Hand klatscht auf die Bank und dann, weit rückgebeugt, hinter dem Körper auf den Boden. Gegengleich *(Abb. 258).*

Abb. 261

Beide Hände gleichzeitig Klatsch auf die Bank, Kniestand mit gleichzeitigem Hochführen des linken Armes in die Hochhalte. Gegengleich.

Beide Hände gleichzeitig Klatsch auf die Bank, dann 1/1 Armkreis nach tiefrück beginnen.

Beide Hände Klatsch auf die Bank, Kniestand mit gleichzeitigem Hochführen des linken Armes in die Hochhalte, gegengleich, dann beide Hände Klatsch auf die Bank und 1/1 Armkreis beidarmig rücktief beginnen.

Beide Hände liegen auf der Bank: Kniestand mit Seitstrecken des linken Beines, Rückbewegung und gegengleich.

Kniestand mit Rückstrecken des linken Beines, Rückbewegung und gegengleich.

l) Kniestand neben der Bank

Linkes Bein seitstrecken auf der Bank, Hände in die Hüften stützen: Rumpfseitbeugen links mit Hochführen des rechten Armes. Rückbewegung und gegengleich *(Abb. 259).*

Dasselbe mit Zwischenfedern.

m) Stand vorlings zur Bank

Links aufsteigen, rechts absteigen, ½ Drehung. Gegengleich.

Links aufsteigen, dabei Arme in die Hochhalte, rechts absteigen, dabei Arme in Tiefhalte, ½ Drehung. Gegengleich.

Links aufsteigen, abspringen, ½ Drehung. Gegengleich.

Links aufsteigen, abspringen mit Armhochhalte, abspringen, ½ Drehung. Gegengleich.

Links aufsteigen, abspringen mit ½ Drehung. Gegengleich *(Abb. 260).*

Mit geschlossenen Beinen auf die Bank springen, absteigen oder abspringen, ½ Drehung.

Mit geschlossenen Beinen auf die Bank springen, abspringen mit ½ Drehung *(Abb. 261).*

Mit geschlossenen Beinen über die Bank springen, ½ Drehung.

Im Pferdchensprung über die Bank springen, ½ Drehung.

Linker Fuß steht auf der Bank: Schrittwechselhüpfen.

Hockstellung mit beidhändigem Klatsch auf die Bank, Stand mit zweimaligem Handklatsch in Hochhalte.

Linkes Bein gestreckt auf die Bank gestellt: Bein anwinkeln und strecken. Gegengleich.

Dasselbe, aber beim „Anwinkeln" Arme in Hochhalte und gleichzeitig Rückbeugen des Oberkörpers (mit und ohne Zwischenfedern). Gegengleich *(Abb. 262).*

Arme in Hochhalte, Beine anwinkeln, gleichzeitig Senken des Oberkörpers und der Arme über die Bank. Rückbewegung und gegengleich *(Abb. 263).*

Linkes Bein angewinkelt auf die Bank gestellt, Arme angewinkelt in Seithalte (Hände vor der Brust): Rumpfdrehen links mit Rückstrecken des linken Armes, Rückbewegung und gegengleich (mit und ohne Zwischenfedern, *Abb. 264).*

n) Stand rücklings zur Bank

Ständiger Wechsel zwischen Sitz auf der Bank und Stand:

a) Stand mit Vorhochschwingen der Arme in die Hochhalte.

b) Stand mit Vorschwingen eines Beines in die Vorhalte.

Gegengleich.

Beides kombinieren: Erst zweimal a turnen, dann b anschließen. Oder a turnen, dann b mit Vorschwingen des linken Beines, dann a turnen, anschließend b mit Vorschwingen des rechten Beines.

Seitgrätschstand, Abstand zur Bank etwas vergrößern, Arme in Vorhalte: Linken Arm über Hoch- oder Seithalte rückführen und mit Tiefrückbeugen des Körpers Klatsch auf die Bank. Rückbewegung und gegengleich *(Abb. 265).*

o) Stand neben der Bank, linke Seite zur Bank

Arme in Hochhalte, linkes Bein steht angewinkelt auf der Bank: Vortiefbeugen an das gestreckte Standbein (mit und ohne Zwischenfedern). Gegengleich.

Abb. 262

Abb. 263

Abb. 264

Abb. 265

Linkes Bein seitgestreckt auf die Bank gestellt, Arme in Hochhalte: Rumpfseitbeugen links (mit und ohne Zwischenfedern). Gegengleich *(Abb. 266).*

Linkes Bein seitgestreckt auf die Bank gestellt: Bein langsam anwinkeln und strecken. Gegengleich.

Linkes Bein seitgestreckt auf die Bank gestellt, Arme in Hochhalte: Rumpfdrehbeugen, dabei einmal linke Hand an den rechten Fuß, dann gegengleich *(Abb. 266).*

Stand neben der Bank: Seitlich aufsteigen und Absprung auf die andere Seite mit und ohne ½ Drehung. Gegengleich.

Schlußsprung auf die Bank, Absteigen auf die andere Seite. Gegengleich.

Schlußsprung auf die Bank, Absprung auf die andere Seite mit und ohne ½ Drehung. Gegengleich.

Schlußsprung über die Bank. Gegengleich.

Stand neben der Bank: Linkes Bein gestreckt im großen Bogen über die Bank führen, einmal vorhoch beginnen, einmal rückhoch. Gegengleich *(Abb. 267).*

Stand neben der Bank, beidhändiges Fassen der Bankkanten: Auf die Bank auf- und absteigen auf die andere Seite.

Aufsteigen und abhüpfen auf die andere Seite.

Mit dem linken Bein aufsteigen, abspringen und landen, dann sofort gegengleich.

Aufhocken und auf die andere Seite abhocken. Gegengleich.

p) Seitgrätschstand über der Bank

Füße rechts und links von der Bank auf dem Boden: Sprung auf die Bank, Absprung in den Grätschstand, ständiger Wechsel mit und ohne Zwischenfedern.

Fußspitzen und Knie zeigen stark nach außen: Beine langsam anwinkeln und strecken.

Beim Strecken der Beine: Ballenstand und Armhochhalte.

Grätschstand, Beine angewinkelt: Fersen heben und senken (Beine bleiben angewinkelt!).

Zweimal Fersen heben und senken (4 Takte), anschließend einmal Strecken der Beine mit Hochhalte der Arme und Rückbewegung (4 Takte).

D. Gymnastik auf der Bank

a) Bauchlage auf der seitgestellten Bank

Oberkörper und Beine locker hängen lassen: Gleichzeitig Oberkörper und Beine heben mit Hochhalte der Arme und Senken *(Abb. 268).*

Gewicht etwas mehr vorverlagern, Hände auf den Boden stützen: Mit Schwung vom Boden abdrücken, Oberkörper heben und ein- bis zweimal in die Hände klatschen *(Abb. 268).*

Gewicht noch weiter vorverlagern, Oberschenkel liegen auf der Bank, Hände stützen am Boden: Linker Arm Hochhalte und Stütz. Gegengleich.

Arme beugen und strecken.

Arme beugen mit Rückspreizen des linken Beines. Gegengleich *(Abb. 269).*

Abb. 266

Abb. 267

Abb. 268

Abb. 269

Abb. 270

Zweimal Arme beugen und strecken mit wechselndem Rückhochspreizen der Beine, dann linker Arm Hochhalte und Stütz, dann rechter Arm dasselbe.

Gewicht weit rückverlagern, Oberkörper liegt auf der Bank, Beine gestreckt, Füße stehen am Boden, Hände auf die Bank stützen: Arme strecken und anwinkeln (Liegestütz).

Dasselbe, aber bei „Strecken" Rückspreizen des linken Beines. Gegengleich.

b) Bauchlage auf der langgestellten Bank

Bankkanten links und rechts gefaßt:

Linkes Bein rückhoch spreizen. Gegengleich.

Oberkörper hochstützen, dabei Kopf in den Nacken nehmen (mit leicht geöffnetem Mund) und wieder senken.

Erst linkes, dann rechtes Bein rückhoch spreizen (4 Takte), anschließend Oberkörper hochstützen und senken (4 Takte).

Linkes Bein heben und senken (2 Takte), Oberkörper heben und senken (2 Takte), gegengleich.

Ohne Handfassung zu lösen: Kniesitz und Bauchlage mit/ohne Zwischenfedern.

Dasselbe mit abwechselndem Rückhochspreizen der Beine.

c) Bankstellung auf der Bank

Bankkanten links und rechts gefaßt:

Kopf locker hängen lassen: Rückhochspreizen des linken Beines, dabei Kopf in den Nacken. Rückbewegung und gegengleich.

Seithochspreizen des linken Beines. Rückbewegung und gegengleich.

Wirbel für Wirbel durchdrücken zum Katzenbuckel, dabei Kopf senken, dann locker zum Hohlkreuz fallen lassen und Kopf in den Nacken heben.

Weites Rumpfvorbeugen bis dicht an die Bank, dabei Arme anwinkeln, Rückbewegung bis in den Kniesitz.

d) Hockstellung auf der Bank

Bankkanten beidhändig gefaßt:

Linkes Bein ab- und aufsteigen. Gegengleich.

Vier kleine Schritte rückwärts in den Liegestütz gehen, vier kleine Schritte vorwärts.

Vier kleine Schritte rückwärts in den Liegestütz gehen, dann Beine anhocken.

Sprung in den Liegestütz und zurück.

Dasselbe, anschließend Stand und Hockstellung.

Linkes, dann rechtes Bein rückstrecken (4 Takte), dann Handfassung lösen, ein Klatsch beidhändig auf die Bank, ein Klatsch im Stand vor dem Körper, ein Klatsch in Hochhalte und Hockstellung (4 Takte). Sprich: rückvor-rückvor-klatsch-klatsch-klatsch-und.

e) Grätschsitz auf der Bank

Beine rechts und links von der Bank angewinkelt aufgestellt: Mit den Armen in Nackenhalte, Rumpfseitbeugen links mit und ohne Zwischenfedern. Gegengleich *(Abb. 270)*.

Rumpfseitbeugen links, dabei locker den linken Arm fallen lassen mit/ohne Zwischenfedern. Gegengleich.

Abb. 271

Abb. 272

Abb. 273

Rumpfvorbeugen bis zur Bank, dabei Ellenbogen locker hängen lassen, Rückbewegung.

Rumpfvorbeugen, dann Rückbewegung mit Rumpfseitdrehen links. Gegengleich *(Abb. 271)*.

Linkes Bein strecken. Rückbewegung und gegengleich. Beide Beine strecken und Rückbewegung.

Stand und Sitz im Wechsel, mit und ohne Seithochführen der Arme bis in die Hochhalte.

Die letzten drei Übungen aneinandergehängt turnen: Erst linkes, dann rechtes Bein strecken und senken, dann beide Beine gleichzeitig, anschließend Stand-Sitz.

Hände liegen auf den Oberschenkeln: Nur den Kopf nach links und rechts drehen.

Rumpfseitdrehen links, dabei links über die Schulter rückschauen. Gegengleich.

Beidhändig vorn die Bankkanten fassen: Sprung in die Hocke auf der Bank und zurück.

Beine strecken, Arme in Nackenhalte: Linkes Bein anhokken, gleichzeitig Rumpfdrehen links, bis sich linkes Knie und rechter Ellenbogen berühren. Rückbewegung und gegengleich *(Abb. 272)*.

Linkes Bein gestreckt heben und senken, evtl. Hände hinten aufstützen.

Arme in Hochhalte: Linkes Bein heben mit Klatsch unter dem Bein in die Hände. Rückbewegung und gegengleich *(Abb. 273)*.

Hände hinten aufstützen: Beine gestreckt vorhochführen und schließen (Schwebesitz), Rückbewegung *(Abb. 273)*.

Hocksitz auf der Bank und Rückbewegung.

Die beiden letzten Übungen aneinandergehängt turnen.

Linkes Bein gestreckt vorhoch über die Bank zum rechten Bein führen. Rückbewegung und gegengleich.

Gleichzeitiges Seitheben der Arme in die Hochhalte. Rückbewegung.

Dasselbe, aber bei Rückbewegung Hände kräftig hoch anwinkeln.

Linken Arm heben, rechten Arm heben, beide Arme gleichzeitig langsam senken, dabei Hände stark nach oben anwinkeln.

Arme in Hochhalte: Rumpfvorbeugen über das linke Bein, Rückbewegung und gegengleich. Mit und ohne Zwischenfedern.

f) Seitsitz auf der Bank, Beine angewinkelt

Stand und Sitz im Wechsel (Dreiertakt).

Dasselbe, aber bei „Stand" Vorhochführen der Arme in die Hochhalte.

Stand mit einem Handklatsch in Hochhalte, Sitz mit drei schnellen Klatschern auf die Oberschenkel *(Abb. 274)*.

Stand auf dem linken Bein, dabei schwunghaftes Vorhochspreizen des rechten Beines. Gegengleich *(Abb. 275)*.

Fersen heben und senken (wippen).

Stand mit Klatsch in Hochhalte (2 Takte), Rückbewegung (2 Takte), dreimal mit den Fersen wippen (3 Takte), einen Takt Pause (insgesamt 8 Takte).

Abb. 274

Arme in Hochhalte: Rumpfbeugen vortief, Arme locker hängen lassen. Rückbewegung.

Arme in Nackenhalte: Rumpfdrehen links und rechts mit und ohne Zwischenfedern.

Rumpfbeugen vortief, dabei Ellenbogen locker hängen lassen, Rückbewegung mit Rumpfdrehen links. Gegengleich.

Dasselbe, aber bei „Rumpfdrehen links" den linken Arm rückstrecken.

½ Drehung ausführen, dabei Beine über die Bank schwingen.

Dasselbe, anschließend Stand und Sitz *(Abb. 276).*

Schlußsprung mit ½ Drehung in den Stand. Gegengleich.

Schlußsprung mit 1/1 Drehung in den Stand. Gegengleich.

Schlußsprung mit 1/1 Drehung in den Sitz. Gegengleich.

Sitz und Stütz der Hände auf der Bankkante:

Abb. 276

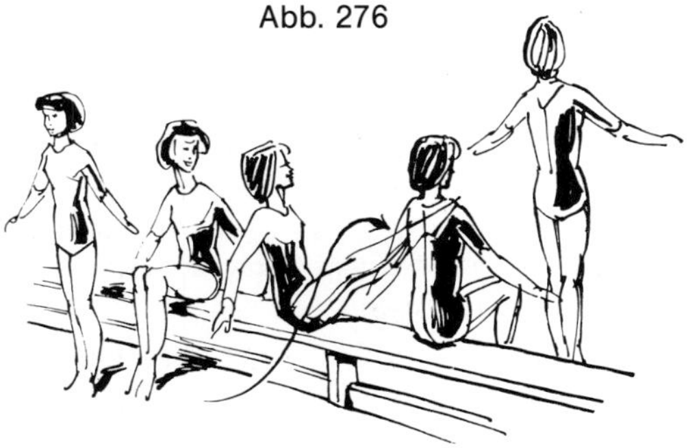

Abb. 275

Linkes Bein strecken, Rückbewegung und gegengleich.

Beide Beine strecken und in den Schwebesitz heben, Rückbewegung.

Die beiden letzten Übungen aneinandergehängt turnen.

Gesäß vortief senken bis an die Fersen, Rückbewegung, mit und ohne Zwischenfedern.

g) Seitsitz auf der Bank, Beine gestreckt

Arme in Hoch- oder Seithalte: Linkes Bein gestreckt heben mit Klatsch unter dem Bein in die Hände. Rückbewegung und gegengleich.

Beide Beine gleichzeitig gestreckt heben mit Klatsch in die Hände unter den Beinen, Rückbewegung *(Abb. 277).*

Die beiden letzten Übungen aneinander gehängt turnen, dann zwei Takte Pause (sprich: links und-rechts und-beide-Pau-se).

Abb. 277

Abb. 278

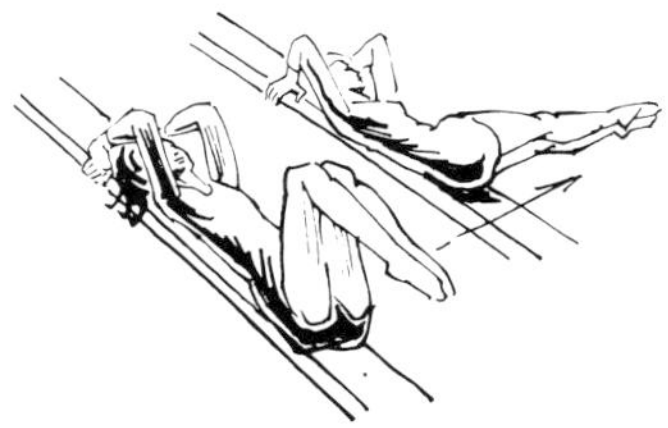

Abb. 279

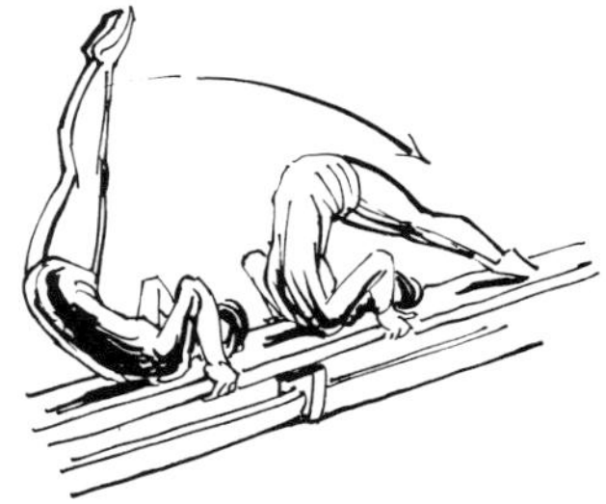

Abb. 280

Arme in Nackenhalte: Rumpfbeugen vortief, Rückbewegung, mit und ohne Zwischenfedern.

Hände aufstützen, Schwebesitz: Beine anhocken, strecken, grätschen, schließen *(Abb. 278).*

h) Rückenlage auf der Bank

Bankkanten beidhändig hinter dem Kopf gefaßt: Linkes Bein bis in die Vorhalte heben und senken. Gegengleich.

Beide Beine Vorhalte und senken.

Beide Beine anhocken und strecken.

Beide Beine anhocken, strecken in die Vorhalte, langsam senken.

Beide Beine anhocken, strecken in die Seithalte links mit Rumpfseitdrehen links. Rückbewegung und gegengleich *(Abb. 279).*

Beide Beine gestreckt heben, Becken heben und Beine hinter dem Kopf senken, bis die Füße die Bank berühren. Rückbewegung *(Abb. 280).*

Beine anwinkeln, Füße aufstellen: Becken heben und senken.

Beine in Vorhochhalte: Beine grätschen und kreuzen im Wechsel.

Beine in Vorhochhalte: Beine anhocken, Strecken in die Seithalte links mit Rumpfseitdrehen links. Rückbewegung und gegengleich.

i) Stand auf der Bank

Linkes Bein anhocken und strecken. Gegengleich.

Arme in Vorhalte: Arme gleichzeitig tief rückschwingen, wieder vorschwingen, dabei in den Knien federn.

Linker Arm in Vorhalte, rechter Arm in Rückhalte: Über die Tiefhalte aneinander vorbeischwingen. Gegengleich.

Hocke mit beidhändigem Fassen der Bankkanten, dann Rückstrecken des linken Beines, wieder anhocken, Stand und gegengleich. Rhythmischer Ablauf, sprich: tief-rück-ran-stehn.

D. Gymnastik auf der Bank entlang

Bauchlage, Hände fassen die Bankkanten: Vorwärtsziehen.

Bauchlage, Hände fassen die Bankkanten: Rückschieben.

Rückenlage, Hände fassen hinter dem Kopf die Bankkanten: Vorwärtsziehen.

Rückenlage, Beine angewinkelt aufstellen, Hände fassen seitlich die Bankkanten: Vorwärts schieben mit Beinen und Händen.

Dasselbe, aber mit den Beinen vorwärtsziehen.

Sitz mit angehockten Beinen: Mit den Beinen vorwärtsziehen.

Strecksitz: Abwechselnd linkes und rechtes Bein gestreckt vorwärtsschieben (Bewegung im Hüftgelenk!).

Auf Händen und Füßen über die Bank gehen (Bankkanten fassen).

Dasselbe mit nur einem Fuß. Gegengleich.

Abb. 281

Abb. 282

Abb. 283

Dasselbe, aber die Hände stützeln links am Boden. Gegengleich.

Hände stützen am Boden, Füße auf der Bank, Aufstellung quer zur Bank: Hände und Füße gleichzeitig Seitnachstellschritte. Gegengleich.

Ein Bein geht auf der Bank, ein Bein geht am Boden (Bordsteingehen). Gegengleich.

Dasselbe, aber das „Bankbein" bei jedem „Bankbeinschritt" durchstrecken. Gegengleich *(Abb. 281).*

Linke Hand und linker Fuß gehen auf der Bank, rechte Hand und rechter Fuß gehen auf dem Boden: Vorwärts gehen, dabei immer linke Hand und linken Fuß gleichzeitig bewegen (und rechts auch, *Abb. 282).*

In der Hocke über die Bank gehen.

Hockstellung mit beidhändiger Handfassung an den Bankkanten: Schlußsprung links auf den Boden, Rückbewegung und gegengleich. Mit und ohne Zwischenfedern.

Seitgrätschstellung über der Bank: Beine laufen links und rechts neben der Bank her.

Seitgrätschstellung über der Bank: Abwechselnd Schlußsprünge schräg vorhoch auf die Bank und wieder seitgrätschen *(Abb. 283).*

Dasselbe mit Aufstützen der Hände (Bankkanten fassen).

Stand neben der Bank: Schlußsprünge schrägvor über die Bank. Mit und ohne Zwischenfedern.

Dasselbe mit Aufstützen der Hände (Bankkanten fassen), mit und ohne Zwischenfedern.

Im Ballengang über die Bank, mit und ohne Armhochhalte.

Gehen mit Knieheben vorhoch.

Beim Gehen die Füße abwechselnd dicht am Boden entlangführen, dabei mit dem Standbein tieffedern *(Abb. 284).*

Mit Nachstellschritten links vorwärts gehen. Gegengleich.

Abwechselnd zwei Nachstellschritte links und zwei rechts.

Auf der Bank Seitgehen mit Nachstellschritten.

Rückwärtsgehen, Arme in Seithalte.

Stand auf der Bank: Schlußsprung links schrägvor auf den Boden, Schlußsprung auf die Bank. Gegengleich.

Abb. 284

E. Gemeinschaftsübungen an und auf der Bank

Sitz nebeneinander auf der Bank, Arme eingehängt, Beine leicht gegrätscht: Rumpfseitbeugen links und rechts (schunkeln).

Rumpf vor- und rückbeugen.

Stand und Sitz im Wechsel.

Beine strecken und schließen, Rückbewegung.

Alle Übungen aneinandergehängt turnen: Rumpfseitbeugen links und rechts, Rumpf vor- und rückbeugen, anschließend Stand und Sitz, Beine gestreckt schließen und Sitzausgangsstellung.

Sitz im Reitsitz hintereinander, Hände auf den Schultern der davor sitzenden Turnerin, Rücken kerzengerade:

Abwechselnd über die linke und rechte Schulter rückblikken.

Abwechselnd Rumpf vor- und rückbeugen mit und ohne Zwischenfedern (Rudern).

Stand hintereinander neben der Bank, linke Seite zur Bank, Hände auf den Schultern der davor stehenden Turnerin: Links aufsteigen, auf die andere Bankseite links absteigen, Hände lösen, ½ Drehung, Hände der nun vorn stehenden Turnerin auf die Schultern legen. Gegengleich.

Abb. 285

Stand hintereinander neben der Bank, linke Seite zur Bank: Bankkanten beidhändig fassen, Bank über die Hochhalte heben und rechts abstellen, dabei 1/1 Drehung (nach links beginnen) ausführen.

Stand nebeneinander vor der Bank, Blick zur Bank, Handfassung: Aufsteigen links, Absteigen rechts zur anderen Seite, ½ Drehung, neue Handfassung und gegengleich.

Stand hintereinander auf der Bank, Hände auf den Schultern der davorstehenden Turnerin: Linken und rechten Arm abwechselnd tiefrückschwingen, dabei in den Knien federn.

Abwechselnd links und rechts Knieheben.

Beide Übungen aneinandergehängt turnen: Linken Arm tiefrückschwingen, dann rechten Arm, anschließend linkes, dann rechtes Knie heben.

F. Partnerübungen an der Bank

A Bauchlage quer auf der Bank mit Nacken- oder Hochhalte der Arme, Füße von A durch B am Boden fixiert: Oberkörper heben und senken.

A und B gegenüber an den Längsseiten der Bank, Liegestütz: Sich abwechselnd über die Bank hinweg die linke und rechte Hand geben (Guten Tag sagen, *Abb. 285).*

A Liegestütz quer zur Bank, Hände stützen auf die Bank, B Stand hinter A, fassen der Fußgelenke von A: Beine von A heben und senken.

Hocksitz auf der Bank gegenüber, Handfassung, Arme so weit wie möglich öffnen, Füße gegeneinanderstellen: Beine zwischen den Armen vorhochstrecken und anhocken.

Dasselbe, aber Arme so eng wie möglich, Beine leicht gegrätscht, Füße gegeneinander: Beine schräg vorhoch strecken und anhocken.

A Seitsitz auf der Bankkante, Beine gestreckt, Füße von A durch B am Boden fixiert; Arme in Nacken- und Hochhalte: Rumpfvor- und Rückbeugen im Wechsel (Anfänger: beidhändiges Fassen der Bankkanten).

A und B im Grätschhocksitz am Boden gegenüber (Bank steht dazwischen): Linke Hand Klatsch hinter dem Körper auf den Boden, dann in die linke Partnerhand. Gegengleich.

Rechts und links gleichzeitig Klatsch hinter dem Körper auf den Boden, dann links Klatsch in die linke Partnerhand. Gegengleich. Anschließend zweimal Klatsch hinter dem Körper auf den Boden, dann zweimal gleichzeitig in beide Partnerhände.

Linke Hand: Klatsch in die linke Partnerhand, dann hinter dem Körper auf den Boden. Gegengleich (4 Takte), dann Hände hinten aufstützen und Beine gestreckt über der Bank schließen, Rückbewegung (4 Takte).

Stand gegenüber (Bank steht dazwischen), Hände gefaßt, (Oberkörper rücklehnen, Arme strecken): Gleichzeitig Hocksitz und Stand.

Dasselbe im Wechsel ausführen, also A Hocksitz, B Stand, dann langsam wechseln.

Beide Übungen erschweren: Linker Fuß steht auf der Bankkante. Gegengleich *(Abb. 286).*

Stand versetzt gegenüber, Hände gefaßt: Links aufsteigen und linksschultrig aneinander vorbei mit ½ Drehung auf die andere Bankseite abhüpfen.

Stand versetzt gegenüber, Innenhände gefaßt: Mit Innenbein aufsteigen, Außenbein rückhoch spreizen. Rückbewegung und gegengleich.

Stand gegenüber, Arme in Hochhalte: Zweimal Arme rückfedern, Rumpfvorbeugen, dabei der Partnerin Hände auf die Schultern legen und mit geradem Rücken zweimal federn (zusammen 4 Takte), loslassen, zweimal in der Hocke tieffedern, dabei Hände auf die Bank stützen, dann Aufrichten in den Stand (4 Takte).

Abb. 286

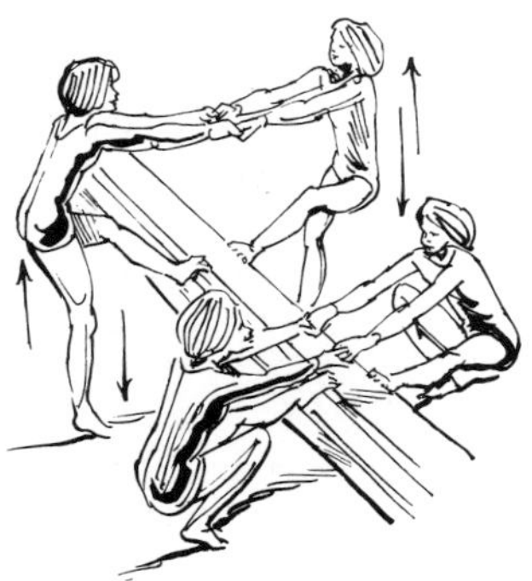

A und B Stand gegenüber auf der Bank, Handfassung:

A springt abwechselnd links und rechts auf den Boden. B unterstützt die Übung. Mit und ohne Zwischenfedern. Dasselbe im fließenden Wechsel von A und B turnen: A links, rechts, links auf den Boden hüpfen, dann zwei Takte Pause und Wiederholung der Übung durch B (sprich: Links-hoch-rechts-hoch-links-hoch Pau-se).

G. Kanons, Spiele, Staffeln

a) Zwei Kanons (4/4-Takt)

Zwei Gruppen an je einer Bank, Stand vor der Längsseite der Bank, Blick zur Bank.

Gruppe 1

Arme in Hochhalte: Klatsch in der Hochhalte, vor dem Körper, in Tiefhalte, ein Takt Pause (zusammen 4 Takte), dann Hände zum Körper hin anwinkeln und mit den Handrükken Klatsch auf die Bank. Hände drehen und mit den Handflächen Klatsch auf die Bank (4 Takte).

Gruppe 2

Arme in Tiefhalte, Hände zum Körper hin anwinkeln und mit den Handrücken Klatsch auf die Bank. Hände drehen und mit den Handflächen Klatsch auf die Bank (4 Takte), dann Klatsch in Tiefhalte, vor dem Körper, in Hochhalte, ein Takt Pause (zusammen 4 Takte).

Die beiden Gruppen beginnen zur selben Zeit mit ihren Übungen und turnen diese achtmal durch. Dann wechseln.

Zwei Gruppen an je einer Bank, Seitsitz nebeneinander (nicht zu eng!), Beine anwinkeln.

Teil A:

Mit den Fingerknöcheln zweimal links, dann zweimal rechts vom Körper auf die Bank klopfen (mit beiden Händen gleichzeitig oder linke Hand links, rechte Hand rechts vom Körper, 4 Takte), beidhändig zweimal Klatsch auf die Oberschenkel, zweimal in die Hände (4 Takte).

Teil B:

Erst linkes, dann rechtes Bein vorhoch spreizen (4 Takte), dann Stand und Sitz (4 Takte).

Gruppe 1 turnt A + B, Gruppe 2 gleichzeitig B + A.

b) Reaktionsspiele, Wettspiele

Mehrere Gruppen an je einer Bank, Stand oder Reitsitz auf der Bank:

Auf Kommando „links“ oder „rechts“ springen oder steigen alle auf die bezeichnete Bankseite, fassen beidhändig die Bankkanten, heben die Bank über die Köpfe hinweg zur anderen Körperseite, stellen sie dort ab und nehmen schnell die Ausgangsstellung ein. Welche Gruppe ist am schnellsten *(Abb. 287)?*

Auf Kommando „links“ oder „rechts“ springen oder steigen alle auf die bezeichnete Bankseite, die erste und letzte Turnerin heben die Bank hoch, alle anderen kriechen unter der Bank durch und nehmen nach Abstellen der Bank schnell die Ausgangsstellung ein. Welche Gruppe ist am schnellsten?

Alle Gruppen stehen im selben Abstand zu ihren Bänken hintereinander. Auf Kommando „Bauchlage“ (Reitsitz, Stand, Hocke, Hocksitz usw.) laufen die ersten los und nehmen die aufgerufene Ausgangsstellung auf der Bank ein und verharren so bis zum Schluß. Die Siegerin bekommt einen Punkt für ihre Mannschaft. Für die Zweiten wird eine neue Ausgangsstellung aufgerufen. Welche Mannschaft sammelt die meisten Punkte *(Abb. 288)?*

Reitsitz hintereinander auf der Bank, abzählen: Die aufgerufenen Nummern steigen nach links ab, umlaufen einmal die eigene Bank und nehmen so schnell wie möglich die Aus-

Abb. 287

Abb. 288

gangsstellung ein. Die Siegerin bekommt einen Punkt für ihre Mannschaft. Welche Mannschaft sammelt die meisten Punkte?

c) Staffeln

Die Mannschaften sitzen im Grätschsitz hintereinander. Auf Kommando laufen die ersten über die Bänke und neben der Bank zurück, schlagen die zweite ab, die sofort losläuft usw. Wer fertig ist, schließt hinter der Mannschaft auf. Welche Mannschaft ist zuerst fertig?

Weitere Fortbewegungsarten auf der Bank ausdenken, z. B.: Füße laufen links und rechts neben der Bank, ein Fuß läuft auf der Bank, einer auf dem Boden, Hände und Füße laufen auf der Bank usw.

Weitere Geräte einsetzen, z. B.: Ball über die Bank rollen, zur zweiten zurücktragen *(Abb. 289)*, Hindernisse auf der Bank aufbauen, die überhüpft oder durchklettert werden (Keulen, senkrecht gehaltene Reifen usw.).

Stand hintereinander auf der Bank, eine Turnerin steht mit dem Ball vor der Bank: Ball der ersten Turnerin zuwerfen, diese wirft zurück und nimmt sofort Reitsitz ein, Wurf zur zweiten Turnerin usw. Welche Gruppe sitzt zuerst?

Literaturvorschlag

Zum leichteren Nachvollziehen der Übungen:

Wolfram Herold/Dorle Fluch: „Handbuch der Turnsprache, 1. Teil: Die Bezeichnungen der gymnastischen Grund- und Leistungsformen", 1976[2], Pohl-Verlag, 3100 Celle.

Abb. 289

Bücher für Gymnastik, Turnen, Sport und Spiel

van Aaken: Programmiert für 100 Lebensjahre
8. Auflage, Format 17 x 24 cm, 362 Seiten, 18 Abbildungen und 16 Bildseiten, ISBN 3-7911-0130-7

van Aaken: Die schonungslose Therapie
4. Auflage, Format 17 x 24 cm, 344 Seiten, ISBN 3-7911-0110-2

van Aaken: Schonungslose Behandlung
Format 17 x 24 cm, 124 Seiten, 7 Abbildungen, ISBN 3-7911-0096-3

van Aaken: Zivilisationskrankheiten und ihre Verhütung
Format 17 x 24 cm, 148 Seiten, ISBN 3-7911-0037-8

Dörrer: Leistungsbetontes Gerätturnen im Grundschulalter
Format 14,8 x 21 cm, 68 Seiten, 15 Fotos und 120 Zeichnungen, ISBN 3-7911-0054-8

Fillinger: Die Gruppenarbeit als Mittel zur Leistungsmotivation im Gerätturnen
Format 21 x 14,8 cm, 111 Seiten, 234 Zeichnungen, ISBN 3-7911-0055-6

Fluch: Gymnastik
2. Auflage, Format 21 x 20 cm, 144 Seiten, 505 Zeichnungen, ISBN 3-7911-0134-X

Foerster: Gymnastik in Wort und Bild
2. Auflage, Format 21 x 20 cm, 156 Seiten, 32 Fotos, 385 Zeichnungen, ISBN 3-7911-0124-2

Foerster: Gymnastik zum Aussuchen
Format 21 x 20 cm, 84 Seiten, 169 Zeichnungen, ISBN 3-7911-0101-3

Foerster: Hausfrauen turnen
4. Auflage, Format 14,8 x 21 cm, 120 Seiten, 26 Fotos, 32 Skizzen, 37 Zeichnungen, ISBN 3-7911-0001-7

Graumann/Lohmann/Pflesser: Schwimmen in Schule und Verein
3. Auflage, Format 14,8 x 21 cm, 192 Seiten, 199 Zeichnungen, ISBN 3-7911-0132-3

Graumann/Pflesser: Zielgerichtete Wassergewöhnung
Format 14.8 x 21 cm, 231 Seiten, 56 Fotos, 205 Zeichnungen, ISBN 3-7911-0118-8

Grosser/Herbert: Konditionsgymnastik
4. Auflage, Format 21 x 24 cm, 120 Seiten, 650 Fotos, 55 Zeichnungen, ISBN 3-7911-0131-5

Herbert: Hallenleichtathletik in Schule und Verein
Format 21 x 24 cm, 108 Seiten, 210 Fotos bzw. Zeichnungen, ISBN 3-7911-0032-7

Herold/Fluch: Handbuch der Turnsprache, 1. Teil
Die Bezeichnungen der gymnastischen Grund- und Leistungsformen (einschließlich Jazzgymnastik), 2. Auflage, Format 14,8 x 21 cm, 152 Seiten, 428 Zeichnungen, ISBN 3-7911-0076-9

Herold/Göhler/Fluch: Handbuch der Turnsprache, 2. Teil
Die Bezeichnungen der Grund- und Leistungsformen an den Geräten, 2. Auflage, Format 14,8 x 21 cm, 175 Seiten, 480 Zeichnungen, ISBN 3-7911-0038-6

Herrmann: Elementare Formen des Boden- und Gerätturnens
Format 23,8 x 16,5 cm, 70 Seiten, 60 Reihenfotos, 40 Zeichnungen, ISBN 3-7911-0084-X

Kallfass-Moll: Tanzen, Spielen und Turnen
Format 21 x 14,8 cm, 244 Seiten, 82 Fotos, 156 Zeichnungen, 247 Skizzen, ISBN 3-7911-0061-0

Lütgeharm: Sportliche Grundausbildung in Schule und Verein
Format 21 x 20 cm, 108 Seiten, 134 Zeichnungen, ISBN 3-7911-0120-X

Lütgeharm/Herold: Turnen, Leichtathletik und Spiel in der Grundschule
2. Auflage, Format 21 x 14,8 cm, 184 Seiten, 43 Zeichnungen, 52 Skizzen, ISBN 3-7911-0104-8

Lütgeharm/Herold: Turnen, Leichtathletik und Spiel in der Hauptschule
2. Auflage, Format 21 x 14,8 cm, 248 Seiten, 159 Zeichnungen, 66 Skizzen, ISBN 3-7911-0126-9

Lütgeharm: Zusatzaufgaben im Gerätturnen
2. Auflage, Format 21 x 14,8 cm, 164 Seiten, 40 Zeichnungen, 9 Skizzen, ISBN 3-7911-0103-X

Münstermann: von der jazzgymnastik zum jazztanz
3. Auflage, Format 20 x 19,8 cm, 135 Seiten, 300 Fotos bzw. Bildreihen, 16 Skizzen, ISBN 3-7911-0135-8

Riehm: ein weg zur wettkampfgymnastik
Format 21 x 24 cm, 120 Seiten, 26 Fotos, 152 Zeichnungen, ISBN 3-7911-0068-8

Riz/Köttl: Spiel und Spaß mit Mutter und Kind
Format 21 x 20 cm, 68 Seiten, 227 Zeichnungen, ISBN 3-7911-0108-0

Schlegel/Herold: Mütter und Kinder turnen und spielen
2. Auflage, Format 21 x 20 cm, 80 Seiten, 198 Zeichnungen, ISBN 3-7911-0109-9

Schulz: Gymnastik für Jungen und Mädchen
4. Auflage, Format 14,8 x 21 cm, 108 Seiten, 79 Fotos, 232 Zeichnungen, ISBN 3-7911-0127-7

Schulz: Spielen + Üben für Kinder bis zum 8. Lebensjahr
5. Auflage, Format 14,8 x 21 cm, 168 Seiten, 94 Fotos, 153 Zeichnungen, ISBN 3-7911-0139-0

Schulz: Turnen + Spielen für Kinder bis zum 8. Lebensjahr
5. Auflage, Format 14,8 x 21 cm, 96 Seiten, 96 Fotos, 84 Zeichnungen, ISBN 3-7911-0140-4

Schulz: Leichtathletik für Kinder bis zum 8. Lebensjahr
Format 14,8 x 21 cm, 91 Seiten, 35 Fotos, 4 Bildtafeln, 93 Zeichnungen, ISBN 3-7911-0057-2

Schulz/Peiffer/Kalb: Turnen + Spielen mit Musik
Format 14,8 x 21 cm, 128 Seiten, 119 Fotos, 5 Zeichnungen, ISBN 3-7911-0092-0

Schwaner-Heitmann: Seniorensport
2. Auflage, Format 21 x 20 cm, 117 Seiten, 93 Fotos, 131 Zeichnungen, ISBN 3-7911-0133-1

Schwope: Kompensatorischer Sport
Format 14,8 x 21 cm, 180 Seiten, 270 Zeichnungen, ISBN 3-7911-0105-6

Schwope: Turnen in Theorie und Praxis
Format 14,8 x 21 cm, 208 Seiten, 247 Zeichnungen, ISBN 3-7911-0122-6

Tendel: Lehr- und Übungswege für das Gerätturnen
2. Auflage, Format 21 x 20 cm, 120 Seiten, 322 Zeichnungen, ISBN 3-7911-0113-7

Timmermann: Mädchenturnen von der Basis bis zur Spitze
Format 21 x 20 cm, 204 Seiten, 146 Reihenfotos bzw. Zeichnungen, ISBN 3-7911-0123-4

Urbainsky: Methodik des Schwimmunterrichts, Teil I
6. Auflage, Format 21 x 14,8 cm, 148 Seiten, 19 Zeichnungen, 49 Skizzen, ISBN 3-7911-0112-9

Urbainsky: Methodik des Schwimmunterrichts, Teil II
Format 21 x 14,8 cm, 138 Seiten, 114 Zeichnungen, 15 Skizzen, ISBN 3-7911-0091-2

Zarmer-Simbeck/von Kerssenbrock: Tanz mit
2. Auflage, Format 20 x 19,8 cm, 224 Seiten, 185 Fotos, 236 Skizzen, 233 Zeichnungen, ISBN 3-7911-0121-8

Pohl-Verlag · 3100 Celle · Postfach 103 · Tel. (05141) 27081